CREACHADH NA CLÀRSAICH

Plundering the Harp

CREACHADH NA CLÀRSAICH

Plundering the Harp

CRUINNEACHADH DE BHARDACHD
1940-1980

RUARAIDH MACTHÒMAIS

Collected Poems
1940-1980

DERICK THOMSON

MACDONALD PUBLISHERS · EDINBURGH

© Derick Thomson 1982

ISBN 0 904265 58 7 *(limp)*
0 904265 57 9 *(cased)*

Published by
Macdonald Publishers
Edgefield Road, Loanhead, Midlothian

The publisher acknowledges the financial assistance of the Scottish Arts Council in the publication of this volume

Printed in Scotland by
Macdonald Printers (Edinburgh) Limited
Edgefield Road, Loanhead, Midlothian EH20 9SY

Contents

xiii Preface

AN DEALBH BRISTE

2 Seann òran *Old song*
4 Duslach san anam *Dust in the soul*
4 Nam b'e 'n ròs do choimeas *My love, were the rose your likeness*
6 Ròghadal, 1943 *Rodel, 1943*
8 'N e seo an dàn deireannach dhutsa? *Is this the final poem for you?*
10 Smuaintean an Coire Cheathaich
11 Faoisgneadh
13 Anail a' Ghaidheil am mullach
16 Marbhrann *Elegy for Sam Nicolson, Skye*
20 Leig dhìot an iomagain *Let be anxiety*
20 Imcheist *Perplexity*
20 An Loch a Tuath *The North Loch*
22 Air Bràigh Obar-Dheadhain *A night view of Aberdeen*
22 An teid mi dh'ionnsaigh na mara? *Shall I make for the sea?*
24 Mur b'e 'n saoghal is m'eagal *But for the world and my fear*
26 Tha mirean nan rionnag 'nam chuimhne *I recall the twinkling of the stars*
28 A' snìomh cainnte *Weaving words and weaving dreams*
28 Dà là *Changed days*
30 Uaigh Uilleim Rois *William Ross's grave*
30 Fàgail Leòdhais, 1949 *Leaving Lewis, 1949*
34 'Nam laigh' air a' chnoc seo san fhraoch
36 Luimead *Bareness*
36 Dà sheòmar *Two chambers*
38 Tràigh North Berwick *North Berwick Beach*

40 'Nam dhachaigh eadar dhà dhùthaich *In my house between two countries*
42 Pabail *Bayble*
42 Dà thaibhse *Two ghosts*
44 Asaid *Delivery*
44 Chunnaic mi ròs a' fàs *Rose*
44 Fir-chlis *Merry Dancers*
46 Ged bha ghaoth a-raoir a' sèideadh *Though the wind last night was blowing*
46 Làraichean *Ruins*
48 An Tobar *The Well*
50 Taobh thall na beinne *Beyond the hill*
50 Màrt *March*
50 Air Stràid anmoch *On a late street*
52 Achadh-bhuana *Harvest field*
52 A chionn 's gu bheil *Since the picture is broken*
54 Clais *Ditch*
54 Tilleadh *Return*
54 Ghluais an raoir an trom-laighe mo chuimhne *Last night nightmare moved my memory*
58 Mur a biodh ann ach sireadh *If there were only seeking*
60 Teallaichean *Hearths*
60 Feitheamh *Waiting*
62 Clachan-meallain *Hailstones*

EADAR SAMHRADH IS FOGHAR

66 Sgòthan *Clouds*
68 Fuaim an t-Samhraidh *The sound of Summer*
68 Eilean Chaluim Chille *St Columba's Isle*
70 Mu chrìochan Hòil *In the vicinity of Hol*
76 An rathad *The road*
78 Rathad an Rubha *The Point road*
78 Raointean eile *Other fields*
80 Aig an uinneig *At the window*
82 Rannan air an sgrìobhadh as dèidh an ath chogaidh *Verses written after the next war*

84	Troimh uinneig a' chithe	*When this fine snow is falling*
84	Na cailleachan	*The old women*
86	Na Fir Bhrèige	*The Lying Ones*
88	Clann-nighean an sgadain	*The herring girls*
90	Nuair a thill mi gu t'uaigh	*When, tender and mild*
92	A' Ghaidhealtachd	*The Highlands*
92	Cainnt nan oghaichean	*Grandchildren's talk*
94	Geodha air chùl na grèine	*A geo in the sun's shelter*
94	Srath Nabhair	*Strathnaver*
96	Am Prionnsa Teàrlach	*Prince Charlie*
96	Asnaichean	*Ribs*
98	Cruaidh?	*Steel?*
98	Anns a' bhalbh mhadainn	*Sheep*
100	Chaidh an samhradh thairis	*Summer passed*
100	Do Dheòrsa Caimbeul Hay	*For George Campbell Hay*
102	Dùn nan Gall	*Donegal*
102	Budapest	
104	Call an Ionnracais	*The loss of innocence*
104	Uiseag	*The lark*
106	Stràid ann an Glaschu	*Street in Glasgow*
108	Ball-seirc	*Beauty-spot*
108	Coma leam faighneachd	*I need not ask*
110	Eadar samhradh is foghar	*Between summer and autumn*
110	Duan na craoibhe	*The song of the tree*
112	Cnò	*Nut*
114	Lus a' chorracha-mille	*Wild liquorice*
116	Aig Tursachan Chalanais	*At Callanish Stones*
116	Aig an uinneig, Seana Bhaile Obar-Dheadhain	*From a window in High Street, Old Aberdeen*
118	Air leabaidh bhochd	*On a poor bed*
118	"Mucka"	
120	Tobhta Iain Ruairidh	*John son of Roderick's ruined house*
122	Cisteachan-laighe	*Coffins*

AN RATHAD CIAN

126 An uilebheist *The monster*
126 Na freiceadain *The watchmen*
128 An òdhrag *The young shag*
128 Leannan m'òige *Sweetheart of my youth*
128 An doirbeardan *The minnow*
130 "Bùrn is mòine 's coirc" *"Water and peats and oats"*
130 Dh'fhairich mi thu le mo chasan *I got the feel of you with my feet*
132 A' mhòinteach *The moor*
132 Chaill mi mo chridhe riut *I lost my heart to you*
134 Bha do shùilean ciùin *Your eyes were gentle, that day*
134 A' cluich air football le fàidh *Playing football with a prophet*
136 Is chunnaic mi thu 'na do chloich *And I saw you as a pillar stone*
136 Is dubh a choisich thu latha *Black you walked through the day*
138 Is chunnaic mi thu 'na do bheairt *And I saw you as a loom*
138 Ceòl na beairte *The music of the loom*
138 Cliathaich a' chnuic *The side of the hill*
138 Air Mòinteach Shuardail *On Swordale Moor*
140 Am bodach-ròcais *Scarecrow*
140 Fàs is taise *High summer*
142 Dòmhnall Iseabail *Donald Matheson*
142 Blàr Phabail *The Bayble plain*
144 Cha b'e 'n aois *Not age*
144 Murchadh Moireasdan, 1872- *Murdo Morrison, 1872-*
144 Duine chaidh àrach ann an Leòdhas *A man reared in Lewis*
146 Stèidhichean làidir *Lewis*
146 Creutairean borba *Savage creatures*
148 Obair na h-iolaire *The eagle, sailing over the Uig hills*
148 Reangan an eathair *The ribs of the boat*

150	Dùsgadh	*Re-awakening*
150	Na tràlairean	*The trawlers*
152	Ochan, a Dhòmhnaill Chaim	*Donald Cam my boy*
152	Cuthag is gocoman	*Cuckoo and look-out-man*
152	Air cùl Shuardail	*Beyond Swordale*
154	Na canadh duine	*Let no one say*
154	An Glaschu	*In Glasgow*
156	"Bheil cuimhn' agad . . . ?"	*"Do you remember . . . ?"*
156	A' danns'	*Dancing*
158	Cotrìona Mhòr	*Catherine the elder*
158	Is chunna mi thu 'na do bhàta	*And I saw you as a boat*
160	Na Lochlannaich a' tighinn air tìr an Nis	*The Norsemen coming ashore at Ness*
162	Murdag Mhòr	*"Mucka"*
162	Aig a' mhatch	*At the match*
164	Anns an eaglais	*In church*
164	Làmhan	*Hands*
166	Air oidhche shamhraidh	*On a summer's night*
166	Nuair a bha sinn beag	*When we were small*
166	Tachais an t-slànachaidh	*The healing itch*
168	Am mac-stròdhail a' bruidhinn ri tìr a bhreith agus àraich	*The prodigal son speaks to the land of his birth and upbringing*
168	An galar	*The disease*
170	Nuair a thilleas mi	*When I come back*
170	Nuair a thig an dorch	*When the dark comes*
172	Ged a thàinig Calvin	*Although Calvin came*
172	Ged a thillinn a-nis	*Though I were to go back now*
172	Mo chùl ri mo cheann-uidhe	*My back turned to my destination*
174	An eileatrom	*The bier*
174	An ceann thall	*The far side*
178	ANNS AN OSPADAL	*In the Hospital*

SAORSA AGUS AN IOLAIRE *Freedom and the Eagle*

186 "Who are the Scots?"
186 Ola *Oil*
188 Fuil *Blood*
188 Airson Bob MacDougall *For Bob MacDougall*
190 Alb'-chalg *Scots-stab*
190 Rabhadh *Warning*
192 Dàn na Roinn-Eòrpa *Poem of Europe*
194 Sgeulachd Albannach *A Scottish story*
196 Fòghnan na h-Alba *Thistle of Scotland*
196 Armann *Warrior*
198 Earrach '74 *Spring '74*
198 Ceud blianna sa sgoil *A hundred years in school*
200 Rìomhadh *Adornment*
202 An iolaire *The eagle*
208 An crann *The plough/cross/mast/lot/harp-key/Saltire etc.*
214 Creag is boglach *Rock and quagmire*
216 Taghadh *Election*
216 Coimhthional Hiort *St Kildan congregation*
218 Leòdhas as t-samhradh *Lewis in summer*
218 A' dol a-null air a' Bhràighe *Crossing the Bràighe*
218 Air an aiseig gu Leòdhas *On the ferry to Lewis*
220 An dàrna eilean *The second island*
220 An turas *The journey*
230 Garaidh *At Garry*
232 Cuileann is tinsel is solais *Secular Christmas*
232 Gaoir a' chiùil *The music's throb*
234 Ann a Salzburg *In Salzburg*
234 Oran brathann *Quern song*
236 Dà ìre *Different stages*
236 Thàine tu thugam òigail *I saw a vision of you young*
236 Mo mhàthair *My mother*
238 Blas na fala *A taste of blood*

238 Gaol is gràdh
240 An tobar *The well*

DÀIN ÁS ÙR

248 Fosgladh na ciste *The opening of the coffin*
248 Bàirneach *Barnacle*
250 Gaoth an iar-'eas *Sou'-westerly wind*
250 Comair *Comrie*
252 Nuair a thàinig an t-earrach
252 Bàs Sona
252 Fuaim-dhàn
254 Ann an Gaillimh *In Galway*
254 Caitean air uachdar Loch Eiriosort *A ruffling on the surface of Loch Erisort*
254 An Ceap Bhreatainn *In Cape Breton*
256 Aodannan *Faces*
258 An dà là *Changed days*
258 Facail *Words*
260 Earail air luchd-adhraidh a' bheòil-aithris *A warning for folklore worshippers*
260 Rabaidean *Rabbits*
262 Adhlacadh Uisdein MhicDhiarmaid—13.9.78 *Hugh MacDiarmid's burial—13.9.78*
262 Do Mháirtín Ó Direáin
262 Daorach ola *Oil binge*
264 Sneachd air an dùthaich *Country under snow*
264 Alba v. Argentina, 2.6.79 *Scotland v. Argentina, 2.6.79*
266 Cudrom nan leacan *The weight of the stones*
266 1707-1979
268 Àirc a' Choimhcheangail *The Ark of the Covenant*

Acknowledgements

Collections previously published:
An Dealbh Briste (Serif Books, Edinburgh, 1951)
Eadar Samhradh is Foghar (Gairm Publications, Glasgow, 1967)
An Rathad Cian (Gairm Publications, Glasgow, 1970)
The Far Road (Macdonald, Edinburgh, 1971; and New Rivers Press, New York, 1971)
Saorsa agus an Iolaire (Gairm Publications, Glasgow, 1977)

Many of the poems and translations over the years have been published in anthologies and periodicals, for example in *Akros, Alma Mater, An Gaidheal, Comhar, Contemporary Scottish Verse, Crann, Gairm, Gallery, Honour'd Shade, Lines Review, Modern Scottish Poetry, New Saltire, Planet, Poetry Australia, Saltire Review, Scottish International, Scottish Poetry, Scottish Review, Scottish Verse 1851-1951, Stand, Stornoway Gazette, The Scottish Literary Revival, The Literary Review, The Ring of Words.*

Acknowledgements are made to the editors and publishers of all these.

Preface

This book is much closer to being Collected Poems than it is to Selected Poems. There are various omissions, about twenty in all, from previously published collections. Some of the poems omitted seemed too slight to perpetuate, but I have left out a number of poems from my most recent collection, *Saorsa agus an Iolaire* (Freedom and the Eagle), which may not all fall into that category, and also two translations from Solzhenitsyn. Various recent poems belonging to the category of work in progress, and any poems dating after May 1980, are not included either.

A large number of the translations in this volume have not been published previously, and were made specifically for this edition. The great majority of the poems have translations, but occasional poems from all periods appear only in the original Gaelic, generally because they did not seem to me to be capable of satisfying translation, or would be too much damaged in the process. It would be foolish to translate a sound-poem such as that on p. 252; other poems may rely too strongly on Gaelic lexical or other nuances to endure transplanting; in a few cases it seemed to me that a poem's virtues lay in its metrical or sound pattern, or in its native rhetoric. Obviously the degree of success in translation will vary widely, and no doubt some of the translations work as poems while others do not. The Publishers felt that it was of considerable importance to include translations of most of the poems, for the public for poetry by Gaelic poets is no longer co-extensive with the Gaelic-speaking population, and I have lived with that anomalous but often stimulating situation for four decades.

The earliest poems were written about 1938-40, and the latest in the Spring of 1980. The collection follows the sequence of my four individual collections, beginning with *An Dealbh Briste* (published 1951). *An Rathad Cian* is the only one of the four to be reproduced entire, as it is a sequence. The original order of poems is largely retained in the other collections, and the final section consists of poems from 1977 onwards.

I would like to thank my wife, Carol, for inspiring some of the poems and for bearing with me while others were being created. We were jointly responsible for the cover artist, but his involvement in this book was the Publisher's idea.

Acknowledgements are made separately of previous publication. I wish to express my warm thanks to Callum Macdonald for suggesting this edition, and for his skilful care of it.

Aberfeldy, May 1980   RUARAIDH MACTHÒMAIS
                                              (Derick Thomson)

An Dealbh Briste

SEANN ÒRAN

Chuala mi raoir seann òran bhith ga sheinn,
's bha taisealachd do bhilean anns a' cheòl,
's òg dhrùchd na h-oidhche 's gealach air a' bheinn.

Mar anail bhlàth an t-seinneadair do sgiamh,
tiugh chùbhraidheachd do spioraid, 's t'aoibhneas làn
bha'n dàn domh, shaoil mi uair, ach b'ann roimh 'n t-sian.

O thusa rinn an t-òran, an do ghluais
dearg-fhuil do bhith-bhuantachd an oidhche raoir
nuair chlaoidheadh m'anam-sa le gaol mo dhuais?

OLD SONG

Last night I heard an old song being sung,
the music had the softness of your lips,
the young dew of the night, moon on the hill.

Your beauty, warm as was the singer's breath,
the fragrance of your spirit, your full joy,
my destiny, I thought, before the storm.

O maker of the song, did the red blood
of your immortal life tingle last night
when my soul bore the burden of my love.

DUSLACH SAN ANAM

An cùiltean m'anam tha 'na laighe
duslach gaoil, feuch! dust do theò-ghaoil
seargt' le teas mo theò-ghaoil-s'—
crìon, tioram, seacte bodhar-balbh,
duslach ar fiar-ghaoil, cliar-ghaoil, sìor-ghaoil,
geur-ghaol sgiamhach, dìomhain tlàth,
tlàth ròs mo dhroighinn-ghaoil.

A bheil nad anam-sa, ghaoil sgiamhaich
duslach cheund, fuar-dhust mo dhroighinn-s'?
Abair gum bheil, is cuiridh Dia bho nèamh
grad-oiteag ás a bheul, is dùisgear leis
spiorad a' ghaoil, mar bheathaicheadh a' chriadh:
tha criadh mo chrè-sa claoidht' le iargain gràidh,
fad-iargain, sìor iar-iargain, fiaraidh, fàs.

NAM B'E 'N RÒS DO CHOIMEAS

A ghràidh, nam b'e 'n ròs do choimeas
cha ghlacainn-sa idir nad shùilean
mar a ghlac mi raoir, an tiamhaidheachd
a tha daonnan gad chiùrradh.

Cha ghlacainn, an toiseach do shamhraidh,
an roimh-imeachd bròin agus caoidh
tha do mhac-meanmna dealbhadh
a ghràidh, mar a ghlac mi raoir.

Ach san t-seagh seo 'se 'n ròs do shamhail—
gum mair, ann an dùbhlachd a' gheamhraidh
a chùbhraidheachd, eadhon mar mhaireas
cùbhraidheachd mhilis do shamhraidh-s'.

O chridhe, mo rùin-ghil, is m'èiteag,
na biodh faileas na gaillinn nad shùilean,
oir togaidh sinn dìon roimh'n ghailleann,
a ghràidh: eadhon t'ùidh-s' agus m'ùidh-sa.

DUST IN THE SOUL

In the recesses of my soul there lies
dust of love, look! the dust of your hot love
withered with the heat of my hot love—
dry, shrivelled, withered, deaf-and-dumb,
dust of our wry-love, poet-love, ever-love,
beautiful sharp-love, tender, vain,
warm rose of my thorn-love.

Is there in your soul, beautiful love,
a like dust, cold dust of my thorn?
Say that there is, and God will send
from heaven a sudden breath, waking
the spirit of love, as the clay was brought alive:
my body's clay is bruised with love longing,
long-longing, ever after-longing, wry, desolate.

WERE THE ROSE YOUR LIKENESS

My love, were the rose your likeness, I should not glimpse in your eyes, as I glimpsed last night, the longing that is for ever paining you.

Nor see, in the dawn of your summer, forebodings of sorrow and grief, that imagination shapes for you, my love, as I saw last night.

But in this sense, the rose is your symbol, that there lives, in the depth of winter, its fragrance, just as the sweet bloom will remain of your summer.

O heart, my white love, quartz pebble, keep the shadow of storm from your eyes; we shall build for the storm a shelter, my love—even your love and mine.

RÒGHADAL, 1943

I

Bu toigh leam sgoilearachd,
's thaobh mi ri feallsanachd,
ach chuir do shùilean-sa iad sin gu diblidheachd.

Mhol mi 'n inntinn
a chùm srian air miannachas,
ach mheall mo chridhe mi.

Ach 's tus' thuirt rium-s' e
air feasgar samhraidh
gur h-e thur-mheall mi m' inntinn.

II

Chunnaic mi 'n diugh a' ghrian òirdheirc
ag èirigh 'na glòir thar a' Chuilthinn
's cha do shlànaich siud cràdh mo chridhe.

Is thuirt mi le meatachd, "A Dhia,
chan eil aon nì cruthaicht' fon ghrèin
ach am bàs a ni slàn mo chreuchdan."

Tuigidh tu, ghràidh, nach b'e 'n dìochuimhn'
a thug orm an dearmad seo dhèanamh
nach do rinn mi a' chiad luaidh air t'ainm-sa.

III

Tha geamhradh do chreagan
's glas-reòtachd do lèantan
a' freagradh ri dùbhlachd mo chridhe.

Tha stoirmean a' gheamhraidh
ag at air na sgeirean,
's a' tilleadh a dh'uireasbhaidh mòrchuis.

Fann, airtneulach, bàsmhor,
a' sioladh troimh ghainmhich an dòchais,
tha mo ghaol ort-sa, nighneag.

RODEL, 1943

I

I liked scholarship,
was drawn to philosophy,
but your eyes turned these thoughts to weakness.

I praised the mind
that kept a rein on desire,
but my heart played me false.

Yet it was you who told me,
one summer evening,
that it was my mind that had quite deceived me.

II

Today I saw the brilliant sun
rising in its glory over the Coolins,
and that did not heal my heart's pain.

And I said, boldly, "O God,
there is nothing made under the sun
but death that will heal my wounds."

You will realise, dear, it was not forgetfulness
that made me make this omission,
not mentioning your name first.

III

The winter of your rocks
and the grey-frostedness of your slopes
answer my heart's December.

The winter storms
swell on the skerries,
and retreat with their pride gone.

Wan, grieving, mortal,
filtering through the sand of hope,
is my love for you, lass.

'N E SEO AN DÀN DEIREANNACH DHUTSA?

'N e seo an dàn deireannach dhutsa,
a phrìomh-adhbhair dhàintean dhòmhsa,
no'n sgrìobh peann a' chridhe deireadh
air clàr a' mhuthaidh tha sgaoilte
eadar t'fhuil is m'fhuil-sa,
no'n càirich làmhan laga
fuar-anart air beò-chuislean?

'N e seo an dàn deireannach dhutsa
no cò chreideas gum bì deireadh
air mire-chridhe le facal a sgrìobhadh
eadhon mìle uair—uair air neo leth-uair
airson gach bòidhchid a tha nad shùilean?

Dè dhutsa na dhòmhsa 'n e seo an dàn deireannach,
dhutsa nach fhaic co-dhiù e,
biodh e faoin no uasal,
agus dhòmhsa, nach cùm gealladh suarach
a bheir mi dom làimh, bho dhàintean
a chur an òrdugh gluasaid
far nach fannaich grian sgrìobhadh.

Cha dèan mi mo dhàn deireannach dhut fhathast
agus gun m'ealain coilionta
's gun mo chuspair leth-dheilbhte,
oir cha d'rinn Uilleam Ros a dhàn deireannach dhì-se
an dèidh dha a call cho buileach
's is urrainn sgaradh a dhèanamh,
agus an dèidh sgaraidh, ionndrain.

Cha dèan mi dàn deireannach no dàn toisich dhut,
no dàn roimh phòsadh, no dàn an deaghaidh pòsaidh,
ach aona dhàn fhada, a thòisich
o chionn còrr is còig bliadhna
's a mhaireas gu sìorraidh
làn molaidh is mil-bhriathran
—cha tig aois air no liathadh.

IS THIS THE FINAL POEM FOR YOU?

Is this the final poem for you,
prime cause of poems for me,
or can the heart's pen write finis
on the shifting surface stretched
between your blood and mine,
or can weak hands lay
a cold shroud on live veins?

Is this the final poem for you
or who believes there will be an end
to heart-rapture by writing a word
even a thousand times—a word or half-word
for each loveliness that is in your eyes?

What do we care as to whether this is the final poem,
you who will not see it anyway,
be it foolish or noble,
and I, not restrained by a paltry promise
I give to my hand, from setting
poems moving
where sun will not make writing fade.

I shall not make my final poem for you yet
for my art is unperfected
and my subject only half-delineated,
for William Ross did not make his last poem for her
after losing her as completely
as separation allows,
and after separation, longing.

I shall not make final or first poem for you,
or prothalamium or epithalamium,
but one long poem, that began
more than five years ago
and will last for ever
full of praise and honey-words
—neither death nor greying will come on it.

SMUAINTEAN AN COIRE CHEATHAICH

Air leacann na beinne, os cionn Coire Cheathaich,
aig ciaradh an fheasgair chunnaic mise damh donn,
uasal, uaill-cheumach, cabrach, 's na h-èildean ga fheitheamh,
's a dh'aindeoin am beadradh bha m'inntinn-sa trom.

A Dhonnchaidh nan Oran, 'se bhith cuimhneach do cheòl-sa,
's tu càiricht' fon fhòid, a chuir sproc ann am cheum,
do dhùthaich bhith fàs, is 'na dìthreabh do mhòinteach,
gun mhàthair ri crònan ach binn-ghlòir nan eun.

Bha uair bha gach maise seo snaidhte nad inntinn,
firich is glinn is Allt Cheathaich 'na chaoir,
dìdean Bhaid-odhair, 's an cèile bu mhilse,
geal-easan nan sinteag a' teàrnadh len gaoir.

Bu tric b'e do shòlas san òg-mhadainn shamhraidh
bhith 'deilbh air na beanntan seo àilleachd do smuain,
bhith snìomh nan sàr-bhriathran 's a' càradh do ranntachd,
's a' coilionadh ealaidheachd ghreannmhor do dhuain.

Bha na flùran nad òran is blàthan na mòintich,
roid agus còinteach air am braonadh le drùchd,
biolair uaine is luachair is sochar na sòbhraich,
seamrag is neòinean 's an lili gheal chiùin.

Bha thu sona is èibhneach is anabarrach gleusda,
gun foghlum an leughadh ach nad chridhe nas leòr,
dheoghail thu gliocas bho fharsaingeachd shlèibhtean,
is chuir thu am meud e nuair theann thu ri ceòl.

Nam bu bheò thu an dràsda, 's tu fuireach san àit seo,
cò a dh'èisdeadh ri'd bhàrdachd, 's cò thuigeadh do cheòl,
cuid a' truailleadh do chainnt 's cuid de d' dhaoine ga h-àicheadh,
is sgread aig a' ghràisg ud nach ceannaich i lòn.

Ach thig caochladh ort, Alba, 's air bochdainn do chrannchuir,
thig beath' ás do bhalbhachd, 's bidh aighear nad cheòl,
is ri èirigh na grèine air coire a' gharbhlaich
teichidh sgàilean an anmoich 's togar fallainn a' cheò.

FAOISGNEADH

A bheanntan Chill-Fhinn, is sibh dorch le dùr-aogas a' bhròin
a laigh air mo thìr,
cha d'fhuaras rim shaoghal am brosnachadh gaolach is garbh
no an taiseachadh rìomhach,
is iad fillte ann a chèil',
ach nuair sheas mi aon fheasgar
an lagachadh shìobhalt na grèin
'g amharc mòrachd bhur gnùis.

Ag èirigh á brù chlaoidht' na h-Albann, 's beag m'iongnadh
ged leughte nad ghnùis, a mhòr-mhonadh,
co-fhaireachdainn dubhach a bròin,
's ged chluinnt, ri àm siantan,
geur-osna a cràidh
air uachdar na gaoithe;
is beag m'iongnadh ged fhuair mi,
a fhuair beagan roimhe sin àile na saorsa tha 'n dàn,
ùr-fhagasachd inntinn is crìdh
do dhùthaich mo ghaoil,
ùr-chràdh thaobh a staid,
ùr-dhòchas ga taobh,
ùr-mhisneachd gun teicheadh am bròn,
oir chunnaic mi, dh'aindeoin na trioblaid,
nach do ghluais a buan-bhunait,
ged dh'atharraich ràithean a còt.

A theò-chrìdh na h-Albann,
bris cochall an reodhaidh tha 'd shuaineadh,
leig blàth-ghrian an dòchais a-steach
gu fàs thoirt air lusan an t-samhraidh,
ath-shamhradh do mhòrachd.
Dùisg, dùisg ás do chadal, is sgeadaich thu fhèin
le sgiamhachd na maidne:
tha brat-fhallainn t'eachdraidh gun truailleadh;
cuir umad do threuntas, a bhreacain na fala.

Fad uam, thar nam mullaichean, chuala mi sgal na pìob-mòire
mar theachdaireachd earrach an t-saoghail,
mar ghlan ghaoth a' Mhàirt,
mar ghàirich na tuinne 's i bualadh
air molan na tràghad,

mar chràdh-ghal an leinibh,
mar iolach fir-seilge—
sgal-dòchais na h-Albann.

Is chunnaic mi breacan an fhèilidh
dearg-dhathte, glùin-rùisgte, treun-chalpach,
a' mùchadh tiugh raineach na h-Albann
le fochann an dòchais.

Taisgte ann am chridhe tha tiomnadh nan Gàidheal fad-linnteach
an cruadal 's am fòirneart 's an ceòl,
na deuran tha deàlradh troimhn eachdraidh,
is ath-thilleadh aithghearr a' ghàirich
mar fhosgladh nan speur;
am muir is am monadh,
an creud is an an-chreud,
an àrdan 's an ùmhlachd—
is thairis orr' uile an gaol
do dhùthaich an àraich.

Is toinnte ann am eòlas tha t'eachdraidh,
do strì is do chunnart,
do leòn is do leigheas,
do threuntas is t' an-treòir,
do churaidhean gaisgeil is iadsan
a reic thu air sgillinn is gùn,
do Bhrusach 's do Bhàiliol,
is glaiste ann am prìosan a-nochd
an Dubhghlas Mac Ill' Oig,
ard-fhiannaidh do laochraidh.

O tùchanach, tormanach,
luaisgeanach, iolagach,
gluaistinneach, caithreamach
èirigh do spioraid,
is tormanach iolagach, caithreamach
bagair do phìoba;
sìreachdach, mànranach,
sìdhicheil, blàth-shuileach
cagair na fìdhle—
spiorad na h-Albann,
an fhiodhall 's a' phìob.

Aig dorsan do phrìosain màl-pìoba ga lìonadh,
feadan ga ghleusadh,
tuath-ghaoth a' mire ri breacan.
O bris sìos na bannan, a spioraid mo dhùthcha,
tog do cheann uailleil is tagair do chòir,
dùisg èibhleagan conais ni srad chur ri t'onoir,
glac thugad an cothrom, tha smior agus ceòl ann.

Sgal na pìob-mòire, O tùchanach tormanach,
èireamaid aighearach, cuireamaid oirnn
treuntas ar sinnsearan, trusgan ath-leasaichte,
claidheamh an spioraid, nas prìseil na'n t-òr.
Sgal na pìob-mòire, O luaisgeanach iolagach,
bratach na h-Albann a' mire rim chrìdh,
suaicheantas uasal 'nam bhonaid 's mi gluasad
a dh'ionnsaigh na tuasaid 's nach èighear an t-sìth.

Sgal na pìob-mòire, sgal-dòchais na h-Albann;
cluinneam a chaiseamachd; caidil, Mhic Talla;
sgal na pìob-mòire, O freagair, a chridhe,
sgal-dòchais na h-Albann, nach tuig thu, Mhic-meanmain.

A bheanntan Chill-Fhinn, agus faileas na grèin oirbh,
bheil na neultan ri teicheadh
bho shlinnean Mhill Ghairbh,
a bheil anart a' cheò air a thogail
bhàrr uchd Creag na Caillich,
a bheil caithream nan eun ann an Coire Fionn Làirig?

"ANAIL A' GHAIDHEIL AM MULLACH"

I

"Anail a' Ghàidheil am mullach"—
tha mulad air m'uaill, mo luchd-dùthcha,
nach ciùinich na seanfhacail chearbach,
's gun m'earbsa ás uaill mo luchd-cinnidh.

Bha uair bha na facail sin fìor,
agus fhathast, math-dh'fhaodte am blàr,
no san àraich choimhich air uair,
cluinnear nuallan nam pìob,

's bidh 'n ìobairt dol suas,
agus molaidh an saoghal bhur meatachd
a tha beò ged a chaill sibh am breacan.

A' dìreadh 's a' dìreadh gun anail,
's air uachdar mo chuimhne tha 'n sgeul
bh'aig a' Ghrèig air a leithid seo dhìreadh;
tha Sisyphus beò ann an Albainn
's a' chlach mhòr nas truime 's nas truime.
Leig t'anail, leig t'anail, a dhuine,
tha t'fhuil gu bhith mach air do bheul.

Chan e idir gun iarrainn-sa teàrnadh
no èirigh ùr-fhacal nar linn-ne,
mar, "Ghleidheadh na Gàidheil an còmhnard,"
no, "Seachnadh nan Gàidheal air beanntan;"
dh'iarrainn-sa dìreadh is dìreadh,
gu deireadh 's ceann-uidhe na tìme,
ri sìne no fèath
ag iadachadh Ebherest.

Chan eil beinn ann an Albainn
air an cuireadh tu ainm dhomh,
Beinn Labhar no Cruachan,
Sidh-chailleann no 'm Buachaill,
Sgurr nan Gillean no 'n Cliseam,
Beinn Mhòr Asaint no 'n t-Isean,
Carn Gorm no Beinn Uais,
Stob Innean, Beinn Nimheis,
an taice rid mhòrachd-s',
ach mar chuilean ri leòmhann,
O Bheinn Ebherest òirdheirc,
samhla mullach an eòlais.

II

Tha alltan a' teàrnadh
bho na h-àrd-stùcan bòidheach
's a' ruighinn a' chòmhnard;
a' teàrnadh troimh linntean
an t-sneachd is nan craobh,
bho uachdar na beinne,
bho thoiseach gu deireadh
an t-saoghail;

gu leumnach, gu luaineach,
no dorch le neòil ghruamach,
's air uairean gu ciùin,
troimh linntean na h-Albann,
na thig is na dh'fhalbh dhiubh
alltan mo rùin,
alltan na h-Albann;
ciùin, luaineach, no leumnach,
deoch uasal don fheumnach
ma shireas e thù
alltan nan garbh-chrìoch.

Laigh air a bhruaich
is òl ás gun chuaich
cho domhainn ri d' roghainn
mur foghainn ceud uair,
's ma bhriseas an lì
troimh dhùmhlachd do chrìdh
bidh na h-àirdean gad thàladh
le gàbhadh an strì.

A shruthain, a shruthain,
bi fhathast a' siubhal,
gluaisidh onghail a' gheamhraidh
balbh-shruth do shamhraidh,
thig piseach an earraich
gu h-aighearach mear ort,
le easan,
is fuadach nan geasan,
's á gilead an t-sneachda
èiridh iodhaineachd eachdraidh.

Is lorgaidh tu fhèin ann an Albainn,
ma thilgeas tu 'n dall-bhrat, Ebherest;
gheibh thu air mullach a' Chuilthinn
àrd-dhuilgheadas siridh, is àrdan
Mont Blanc agus Iùra,
's air stùc Meall nan Tàrmachan
àirdean na cruinne.

MARBHRANN

(Do Shomhairle MacNeacail, ás an Eilean Sgitheanach, a bha air sgiobadh bombair, agus a chailleadh os cionn na Gearmailte)

"Troimhn bhàs thig buaidh"—
bheil fhios an tuigeadh tu na briathran sin
nan robh thu beò, na 'n do thuit sgàil
bho'd shùilean air taobh thall na h-aibhne sin
tha fada cian is falaicht' anns a' cheò;
no 'm bheil e, charaid, tuilleadh 's doirbh
an fhàire chumail air an tràigh sin fòs?

Saoilidh mi, Shomhairle, nach robh do dhòigh
ro mhòr san smuain sin, gur h-è thigeadh sìth
á murt is cràdh, ged fhuair thus' sìth
bhon anail an-shocair, 's bhon chridhe mhear,
's bhon inntinn lom—
sìth dhùint na h-uaghach, ge be càit eil t'uaigh;
's ar leam nach robh do mhuinghin ro mhòr
sa' ghealladh mheallta tighinn bho shiar 's bho shear,
no idir an dàimh nàimhdeil 's càirdeas fuar—
ach, och, a Shomhairle, tha 'n teagamh suaint.

Tha cuimhne 'am oidhche dhorch 's sinn air an t-sràid
an Obar-dheadhain, còmhradh siud 's a seo
air daoine, 's leabhraichean, 's na ceistean sin
tha dol 'nan èibhlean teine 'n eanchainn òig,
is thainig boillsgeadh maoth den ghealaich troimh na neòil,
a' còmhdach Taigh a' Bhaile le brat fann
mar mhnaoi fir-sìdhe, 's cha do thuig thu 'n sin
gun tuiteadh tu gu d' bhàs 's a' ghealach ris
air cladach cèin.

Am b'iongnadh leat, nam b'aithne dhut an dràsd,
mise bhith brònach mun a' bhearradh lom
rinn peilear caol air fochann gorm do rèis,
gach dòchas, bruadar, tàlant, deuchainn, euchd,
samhradh san Eilean Sgitheanach, is ceòl,
is diadhaireachd a' Bhràighe, is Port-Rìgh,
is gann dà bhlianna anns a' bhaile mhòr
a' snìomh seann saoghal ann an saoghal ùr
le iomadh bristeadh snàtha, mar bu dual
's mar b'èiginn do luchd t'eilein 's luchd do dhùthch?

ELEGY FOR SAM NICOLSON, SKYE

(one of a bomber crew lost over Germany)

"Victory in death"—
I wonder if you would understand these words
if you were alive, or if a bandage
dropped from your eyes beyond that river
far distant and hidden in mist;
or is it, friend, very difficult
to hold the horizon on that shore too?

I suspect, Sam, you did not have high hopes
for the thought that peace would come
from murder and pain, though you found peace
from uneasy breathing, from the eager heart,
and from the defenceless mind—
the enclosed peace of the grave, wherever your grave is;
and I think you did not greatly trust
the deceptive promises of east and west,
especially hostile friendship and cold kindness—
but alas, Sam, the doubt is put to sleep.

I remember a dark night on the street
in Aberdeen, talking desultorily
of people, books and the questions
that take fire in a young brain,
when a soft ray of moonlight came through cloud,
clothing the Town's House in a wan cloak
as a fairy's wife, and you did not think
that you would fall to death with the moon shining
on a foreign shore.

Would it surprise you, if you knew now
that I am saddened by the bare cutting
a slim bullet made in your life's green corn,
each hope and dream, talent and testing, deed,
summer in Skye, the music
and the piety of Braes, Portree,
and barely two years in the city
weaving an old world into a new
with many broken threads, as often was,
and had to be with your fellow-countrymen?

An iongnadh leat mise bhith caoidh do bhàis,
thusa measg mhilleanan nach fhaic a chaoidh
lìonadh no tràghadh, cur no buain,
no asbhuain shìorraidh an raoin charraich seo,
thusa measg mhilleanan gu bràth nach dèan
dìreadh no teàrnadh air leac a' Chuilthinn,
no leac eile?

Co dhà is buaidh do bhàs? A Shomhairle,
thaitneadh e rium-sa ann an caochladh dhòigh
nam fuasglainn snaidhm na ceist ud gu mo mhiann.
Thusa bha toirteil, fearail, gaisgeil, treun,
's a bheireadh tulg na calmachd 'n armachd saoidh—
's fheudar gun bhuadhaich thu, thusa bha glan is uasal.

'S tù bheireadh tulg an armachd laoich, ach och,
càit an robh 'n laoch? Am b'esan laoch
a leag gu tràigh do bhàis thu 's gealach ris?
Bu laoch ach cha bu nàmhaid. T'ionnsaigh-sa
bha'n aghaidh nàmh nas sleamhna; 's dhùin gach creuchd
a thug thu dhà mar dhùineadh ceò
air chùl do sgiathalain. Bha t'ionnsaigh-sa
an aghaidh cogaidh, mìoruin, braid,
murt, fèinealachd, an-shuairceas de gach gnè,
an aghaidh Mhamoin is an saoghal 'na dhòrn—
Dia mòr nam borb sa h-uile tìr—
bha t'ionnsaigh-sa mar shàthadh beugaileid
measg pheighinnean an t-saoghail.
Cha dìolar buaidh am peighinnean, no saors'
an iomad phrìosanach, no bàs
ach leis a' bhàs.

Nach tusa, Shomhairle, bha nochd mar bhà
sa' bhaile bhrèagh sin san ear-thuath der tìr,
a' bruidhinn air na bliannachan a sgar
ar n-òige bho ar n-ìre, mar gum b'ann
'g ath-aithris air trom-laighe, 's grian an là
air toirt a shùgh ás; no mar b'eadh
ag innseadh sgeul cho cian ri Oisean.

'S air dhut an sgeul sin innse, bhiodh an cràdh
's am fòirneart air an suaineadh, mar gum b'ann
le sròl na h-innsidh fhèin; is bhiodh a' chuimhn'
air call a searbhachd an cìr-mheala sòlais.

Does it surprise you that I mourn your death,
you among millions who will never see
filling or ebbing, sowing, reaping,
or the everlasting stubble of this rough field,
you among millions who will never more
climb or descend the rock of the Coolins
or another rock?

For whom is your death victory? O Sam,
I would be glad in various ways
to unravel to my satisfaction that query's knot.
You who were strong and manly, hardy, brave,
who could have dented a hero's armour—
surely you were victorious, you were noble, clean.

You could have dented a hero's armour, but ah!
where was the hero? The one
who brought you down to death on a moonlit shore?
Hero but scarcely enemy. Your attack
was against a more slippery foe; each wound
you gave him closed as mist closes
behind your plane. Your onset
was against war, ill-will, robbery,
murder, selfishness, everything unkindly,
against Mammon with the world in his grasp—
great god of the uncivilized in every land—
your onset like a bayonet thrust
into the coins of the world.
Victory is not paid in coins, nor freedom
in multiplicity of prisoners, nor death
except by death.

If only, Sam, you were tonight once more
in that attractive town in the North-east,
talking of the years that separated
our youth from our maturity, as though
you were recalling a nightmare, that the sun
had robbed of its power; or as though
telling a tale as old as Ossian.

And when your tale was done, the suffering
and violence were wrapped as it were
with the story's own satin; and memory
would have shed its bitterness in joy's honeycomb.

Bha e 'n dàn sgeul eile innseadh ort-sa—
ach cuimhnichear thu, charaid, iomadh uair,
's a' ghealach airgeadach toirt sgeul air àm
a dh'fhalbh mar shiùbhlas òige, 's bidh mo smuain
air diamhaireachd nas àird na 'n Cuilthionn.

LEIG DHÌOT AN IOMAGAIN

"Leig dhìot an iomagain, a chridhe, a chridhe,
tosd, na bi furachail, fuirich gu là;
tha a' mhadainn a' glasadh is siùbhlaidh do shnighe,
thig solas a dh' aindeoin dè their thu an dràsd."

Thàinig a' mhadainn, le caithream nan smeòrach,
gàirdeachas eunlaith gam thàladh om shuain,
is ged a bha ise 'na laighe gun chòmhradh
dh'èirich a' ghrian á broilleach a' chuain.

IMCHEIST

Tha leanabh 'na mo chridhe
tha cadal anns an dorch,
a ghluaiseas san trom-laighe
gus àite-dìon a lorg.

Cha lorg thu 'm feasda fasgadh
gu briseadh-fàire nuadh
's gach là, aig crìoch a turais
tha a' ghrian dol sìos sa' chuan.

AN LOCH A TUATH

Tha 'n iarmailt ciùin, 's an Loch a Tuath
'na laighe suaint fo bhrat na h-oidhch',
's cha ghlac mo bhreithneachadh a chaoidh
ged shiùbhladh e air iteig luath,

Cion-fàth an aoibhneis a tha falbh
mar airgead-beò air leac mo smuain,
no cobhar bàn air clàr a' chuain,
no soillseadh reuil san anmoch bhalbh.

It was another tale that had to be told of you—
but you will be remembered, often and often,
when the silver moon recalls a time
gone as youth goes, and my thought
will be of mysteries higher than the Coolins.

LET BE ANXIETY

"Let be anxiety, heart, heart,
quiet, not so anxious, wait for day;
the morning is greying, your weeping will pass,
light will come no matter what you say."

Morning came, with thrushes' song,
birds' rejoicing drawing me from sleep,
and though she was lying quite dumb
the sun rose from the breast of the sea.

PERPLEXITY

There's a child in my heart
sleeping in the dark,
who moves in nightmare
seeking a place of protection.

You will never find shelter
till a new dawn breaks,
and every day, at its journey's end,
the sun sets in the sea.

THE NORTH LOCH (BROAD BAY)

The sky is calm, and the North Loch
lies sleeping under the night's cloak,
and my conscious understanding can never grasp,
though it were to speed on a swift wing,

The cause of the joy that flows
like quicksilver on the stone of my thought,
or like white foam on the sea's plain,
or star shining in the still evening.

AIR BRÀIGH OBAR-DHEADHAIN

Air ùrlar a' ghlinne chì mi am baile
deàlrach le solais 's ath-thilleadh na sìth,
's cha tigeadh e dhòmhsa, a dh'aindeoin na thachair,
bhith dubhach fo smalan, is cogadh 'nam chrìdh.

Leum, a chridhe na h-òige, las an tein'-èibhinn,
biodh faloisgear againn, 's gach faileas gur cùl,
cha tig aighear ach ainneamh, 's ma chaillear a shoillseadh
goididh an oidhche orm leugachd do shùl.

Goididh an oidhche uam thu, chaileag, 's chan fhaighnich
fuar-ghaoth na maidne an d'fhuair mi do ghràdh,
goididh an oidhche uam thu, chaomhag, 's cha chuimhnich
fear nach eil maireann air binneas do ghàir.

AN TEID MI DH'IONNSAIGH NA MARA?

An teid mi dh'ionnsaigh na mara
a shireadh cala dom smuain
anns an ataireachd cheòlmhor
's ann an crònan a' chuain,
no 'm bris tonn thar m'inntinn
le cuimhne gach uair
a dh'èisd sinn le chèile
ri beucaich a stuaigh?

An teid mi dh'ionnsaigh a' mhonaidh
a lorg an t-sonais tha 'm dhìth,
no fo sgàile nan geugan
a dh'èigneachadh sìth,
no an tig siud 'nam chuimhne
a liuthad oidhche a bhà
do phòg dhomh mar chaineal
's mar an canach do ghràdh?

A NIGHT VIEW OF ABERDEEN

On the floor of the valley I see the city, gleaming with lights and peace's return; it would ill become me, in spite of what happened, to be sad and dejected, with war in my heart.

Up, youthful heart, and light the bonfire; let's have a heather-fire, with shadows behind; joy comes but seldom—if we lose its shining, the night will steal from me the jewels of your eyes.

Night will steal you from me, lass, nor will morning's cold wind ask if I won your love; night will steal you from me, sweetheart, nor will one who is dead remember the sweetness of your laughter.

SHALL I MAKE FOR THE SEA?

Shall I make for the sea
to seek refuge for my thought
in the musical swell,
in the sea's murmuring,
or will a wave break over my mind
remembering the times
we listened together
to its surf's roar?

Shall I make for the moor
to find the joy that I lack,
or seek the shade of branches
to storm peace,
or shall I remember
all the nights
your kiss was like cinnamon
and your love like cotton grass?

Chan eil fois anns a' chuimhne
ach cuingleachadh smuain,
's ged tha tàladh san t-sòlas
tha rib' an dòchais mun cuairt;
an dèidh lìonadh na mara,
ged a tharraingeas e tìd,
thig dochair an tràghaidh
a thràigh gean mo chrìdh.

MUR B'E 'N SAOGHAL IS M'EAGAL

Mur b'e 'n saoghal is m'eagal
co-fhreagradh d'a chèile,
shiùbhlainn leat, eudail,
don iar, fada thall,
far nach glacadh ar smuain sinn
suainte le fòirneart
ach mar Naoise an òr-fhuilt
agus Deirdre sa' ghleann.

Dhealbhadh mise is m'eudail
buaile grèine san àit sin,
geal-lùchairtean gràidh
agus ballachan gaoil,
far nach leughainn nad bhòidhchead
am bròn theachd ás ùr oirnn,
is aoibhneas do shùilean
an dèidh chur ma sgaoil.

Shiùbhlainn leat-sa gu fada
is chaidlimid mùirneach
ann an gàrradh na h-ùidhe
fo chraobhan an àigh,
mur b'e eagal an t-saoghail
bhith daonnan gam leònadh,
a' cur glas-ghuib air ceòl
agus sgleò air a' ghràdh.

There is no peace in memory
but a restriction of thought,
and though joy entices
it is surrounded by hope's trap;
after the sea's flow,
though it takes time,
comes the hurt of the ebb
that has drained away my heart's gaiety.

BUT FOR THE WORLD AND MY FEAR

But for the world and my fear
chiming together
I would go with you, beloved,
far to the west,
where our thought would not seize us
entwined in misfortune,
but like golden-haired Naoise
and Deirdre in the glen.

My love and I would fashion
a sun-bower there,
white palaces of affection
and walls of love,
where I would not read in your beauty
sorrow come on us anew,
and the lightsomeness in your eyes
gone away.

I would travel far with you
and we would sleep joyously
in the garden of affection
under trees of joy,
but for the fear of the world
always wounding me,
muzzling music,
casting a shade over love.

THA MIREAN NAN RIONNAG 'NAM CHUIMHNE

Tha mirean nan rionnag 'nam chuimhne
an oidhche ud—is fhada bhuaith 'n dràsd—
a sheas mi, 'nam ghille, gad fheitheamh,
is dlùth-bhrat den t-sneachd air a' bhlàr
is na craobhan fo bhlàth,
geug bho gheug fo gheal-eallach an t-sneachda;
fuaim an uillt, tha e nochd ann am chlaigeann,
gun dòigh agam idir air seachnadh,
's mo chuimhne gun uachdar gun aigeann,
an oidhche ud a gheall mi dhut gràdh.

Cha b'e fuarad do bhilean no tosdachd do chridhe
thog m'aighear gu mireadh san àm,
ach an leum bha nad chuisle
's mo phògan gad ruigheachd,
's an leus bha nad shùilean
ged dh'fhàg e mis dall;
thill thugam an rionnag,
is sneachd a' bhòn-uiridh,
am beadradh 's an ruithleum a bha aig an allt,
ged a tha mi gun dùil 'am
gu bheil ràith anns a' chùnntas
bheir thugam an sùgradh
's am mùirn a th'air chall.

Hè mandu, 's truagh nach falbhadh,
hè mandu, siud bho'm chuimhne,
hè mandu, sruthadh aiteamh,
hao ri oro, dhen a' chraoibh sin.

Thàinig mi 'n rathad an deireadh an earraich,
na craobhan fo mheangain 's an duilleach ri fàs,
's an tè a bha mar rium bha ise gam fharraid,
"Am faca tu ionad nas bòidhche na 'n t-àit-s'?"
'S ged a rinn mise gàir
agus còmhradh is moladh is samhla an t-sonais,
bha grodas an donais 'nam chridhe ga chnàmh,
's cha chuimhne leam eun bha sa' choill ud a' seinn,
is tha torman an uillt air dol bàs.

I RECALL THE TWINKLING
OF THE STARS

I recall the twinkling of the stars
that night—a long time ago—
I stood, a lad, waiting for you,
a close covering of snow on the ground
and the trees in bloom,
branch after branch covered in white snow;
the sound of the burn is in my head tonight,
since I have no way of avoiding—
my memory lacking surface or sea-floor—
that night I promised love to you.

It was not your lips' coldness nor your heart's stillness
that made my joy lightsome then,
but your pulse's beat
as my kisses reached you,
and the light in your eyes
though it left me blind;
the star returned to me,
the snow of two years ago,
the sport and rush of the burn,
though I do not expect
that there's a season in the calendar
will bring me the joy
and the love that is lost.

Hé mandu, if only, if only,
hé mandu, I could forget,
hé mandu, thaw's dripping,
hao ri oro, from that tree.

I came that way at the end of spring,
the trees a mass of twigs, the leaves growing,
and the one who was with me kept saying to me
"Have you ever seen a lovelier place?"
and though I laughed,
and talked and praised, and seemed happy,
the canker of unhappiness was in my heart, consuming it,
and I do not recall a bird singing in that wood,
and the purling of the burn has gone dead.

A' SNIOMH CAINNTE

A' sniomh cainnte 's a' sniomh bhruadar,
ghoid siud mo shuaimhneas uam fad mo rè,
's an sniomh a rinn mi air t' òr-fhalt dualach
b'e siud am buaireadh bu mhò fon ghrèin.

Carson nach d'fhalaich thu ann ad sheòmar
na ciabhan seòlta dh'fhàg mis' gun chèill,
na sùilean ciùine 's na bilean crò-dhearg,
's a' bhodhaig bhòidheach d'an tug mi spèis.

A luaidh nan làmh geal, cha dèan mi àicheadh
gur tusa dh'fhàg mi fo phràmh leam fhèin,
a' sniomh bhruadar 's a' sniomh bàrdachd,
's a' call am màireach air sgàth an dè.

DÀ LÀ

Chùm Uilleam Wordsworth 'na chuimhne
mar shamhla air dòrainn a chlaoidh e
preas lom seact' air chùl gàrraidh
's a' ghaoth ga riasladh 's ga mhàbadh.

Is ghlèidh e, mar chomharradh èibhneis,
samhla na gealaich 's i 'g èirigh
'na lainnir airgid air fàire
nuair chothaich e mullach nan àrd-bheann.

Ceud gu leith blianna 'na dhèidh sin
fhuair mise samhla air lèireadh,
's ged dh'fhaodadh nach tuig thu mo chàs-sa,
'se th'ann *kiosk* air ceann stràide.

'S mur b'e gum bheil aogas na brèig air
bheirinn dhut samhla air èibhneas—
gach *neon* tha 'n taighean nam fionnsgeul
air leth-taobh Stràide a' Phrionnsa.

WEAVING WORDS AND WEAVING DREAMS

Weaving words and weaving dreams has stolen my peace from me all my days, but weaving your golden curls has brought me the greatest trouble under the sun.

Why did you not hide in your chamber those twining locks that have stolen my reason, those calm eyes and blood-red lips, and the lovely body that I loved.

I shall not deny, white-handed love, that it was you made me sad and lonely, weaving dreams and weaving verses, and losing to-morrow for yester day.

CHANGED DAYS

William Wordsworth remembered,
a symbol of grief that distressed him,
a bare withered bush by a dyke,
with the wind tearing and desolating it.

And he kept, as a token of joy,
the symbol of the moon rising
in a silver sheen on the horizon
when he struggled to the mountain peak.

A hundred and fifty years later
I found a symbol for grieving,
and though you may not understand my trouble
it is a kiosk at a street end.

And but for the fact that it looks false
I would give you a symbol for joy—
the neon lights on the cinemas
along one side of Princes Street.

UAIGH UILLEIM ROIS

Dubhar nan craobh air leth-taobh a' chladha
's an tràigh a' sìneadh thall,
tha crònan nan tonn is luasgan nan duilleach
gad thàladh a-null 's a-nall;
cha bu mhath gun tigeadh ort fois ro bhuileach
's gun chuimhne do mhulaid air chall.

Cò dh'iarradh clach, no càrn, no carragh
os cionn do bhroillich sgìth,
tha glaodhaich eun is gluasad raineich
a' freagradh nas fheàrr do d'shìth,
's tha fead na gaoith air feadh a' bharraich
is gàir na mara mu d' chrìdh.

FÀGAIL LEÒDHAIS, 1949

Ghluais i air sgèith bhàrr na machrach,
a sgiathan liath-ghlas gan rèiteach,
's a' ghaoth ga togail 's ga leagail,
Tràigh Thuilm dol nas lugha
's a' Chearc dol 'na h-isean,
is chunnaic mi, mach bhon a Rubha,
dà dhruim Eilean Phabail sa' chuan,
am fonn ciar ann an sloistreadh na fairge,
ceò is smonmhar an uisge,
sgòthan dùmhail gan druideadh
mu eilean mo bhreith agus m'àraich.

Marcan-sìne mu chladaichean Leòdhais—
cha d'fhàg siud an cianalas orm-sa,
ged is iomadach snaidhm tha gam cheangal,
's 'se 'n fheadhainn a bhris mi as doirbh' dhomh.
An Cuan Sgìth steach gu cladach a' Bhràighe,
's chan iarrainn-sa falbh ás na fuireach,
chan iarrainn-sa fuireach na falbh ás,
ach ghiùlain an tràigh dheth mi 'n uiridh.

Thog i a sròn chun na sgòthan
's an ceathach ga cuairteach;
fuar, fann mar a chunnaic mi uair e

WILLIAM ROSS'S GRAVE

The shade of the trees on one side of the churchyard, and the shore stretching beyond; the murmur of waves and the rustling of leafage are rocking you to and fro; it is well that too deep a peace should not claim you, since the memory of your grief is not gone.

Who would wish a stone, or cairn, or pillar, above your tired breast; the crying of birds and the swaying of bracken are more in tune with your peace, the whistle of wind in the high birch-tops and the sea's song hap your heart.

LEAVING LEWIS, 1949

The plane took off from the machair,
adjusting its light-grey wings,
the wind lifting it and letting it drop,
Holm Beach growing smaller,
Hen Rock becoming a chicken,
and I saw, off Point,
the two ridges of Bayble Island in the sea,
the dark land lashed by foam,
mist and swirling rain,
dense clouds closing
round the island of my birth and rearing.

Spindthrift round Lewis shores—
that did not make me nostalgic,
though many knots bind me,
and the ones I broke are the hardest.
The Minch flowing in to the Bràighe shore,
and I would not wish to go or stay,
I would not wish to stay or go,
but the tide carried me off last year.

She lifted her nose to the clouds,
the mist surrounding her;
cold, faint as I once saw it

air mullach Beinn Labhar,
'na stiallagan fuadain
's 'na chuairteagan badach,
sìor dhùmhlachadh 's sìor dhol an gealad,
is dhìrich sinn mach ás a' gheamhradh
gu ruige na gile,
ag iarraidh na grèine,
is rèitich i druim fo a gathan.

Nan ruigeadh m'inntinn-sa sàmhchar
le bhith sìor dhol an àirde,
's nan lorgadh i rèite
fo ghathan na grèine,
dh'fhàgainn-s' a' mhachair gu sùnndach
is chuirinn am Bràigh air mo chùlaibh,
is dhèanainn-sa dìreadh gun mhùgaich
troimh dhùmhlachd nan neòil,
ach O!, tha mo chridhe ro chorrach
's an iarmailt tuilleadh is molach,
chan amais mi idir air solas
nach caill mi an aithghearr sa' cheò
chan fhaic mi fodham mar shneachda
caitean nan neòil is na h-eachdraidh,
's cha ghluais m'inntinn gu beachdaidh
air eagal sluic-adhair a' bhròin.

'S ma ruigeas mo dhùthaich-sa slànachd
cha seachainn i dànachd,
's cha chaill i a nàir'
airson gealtachd is crìonachd a dòigh,
ach cuireas i sròn ris a' gharbhlaich,
's ri crìdh na droch-aimsir,
ag èirigh air sgiathan neo-chearbach
a-mach ás a' cheò,
gun chaoidh airson nithean a chailleadh,
gun mheatachd ri aghaidh a' ghaillinn,
gun chianalas tlàth air a h-aire,
le misneach nach dìobair fo bhròn,
's ged a chailleadh i 'n rubha
le braise 's le àirde a siubhail,
gun coisinn i fiughair
na grèine air mullach nan sgòth.

on the summit of Lawers,
in stray streaks
and eddying clumps,
steadily thickening and growing whiter,
and we rose out of winter
into brightness,
seeking the sun,
and she found an even keel in its rays.

If my mind could find peace
by steadily climbing,
and find steadiness
under the sun's rays,
I would leave the machair cheerfully
and put the Bràighe behind me,
climbing without moping
through the dense clouds,
but O, my heart is unsteady
and the sky too stormy,
I cannot find a light
that I do not quickly lose in the mist,
I do not see below me like snow
the map of cloud and history,
and my mind does not move incisively
for fear of sorrow's air-pockets.

And if my country attains wholeness
it will not shun boldness,
it will not lose its shame
for the cowardliness and barren wisdom of its ways,
but will turn its nose to the heights,
and the heart of the storm,
rising on confident wings
out of the mist,
not mourning what is lost,
unafraid in the face of the storm,
with no soft nostalgia,
with courage that does not fail through sorrow,
and though it should lose sight of the point
with the speed and height of its thrust,
it will win the hope
of the sun above the clouds.

'NAM LAIGH' AIR A' CHNOC SEO SAN FHRAOCH

'Nam laigh' air a' chnoc seo san fhraoch,
tha a' ghrian a tha 'g abachadh buailtean mo bhaile
caoin agus coibhneil gun bheagachadh gaoil,
is tha guirme nan speur
'na chlach-cuimhne air linntean a dh'eug.

'S tha an sprèidh tha a' criomadh an fheòir
a' tilleadh mu fheasgar a dh'ionnsaigh nan taighean,
a' liubhairt gu freasdalach maitheas an stòir;
chan eil tionndadh an tìm
ged as fhad on chaidh Colum don chill.

Air stallachan Eilean a' Chàis
tha na stuaghan air mhireig a' caomhnadh am frioghain,
gun bhròn is gun tlachd an sgeul beatha no bàis,
is tha beanntanan Rois
gun mhuthadh on thogadh a' chrois.

Nam laigh' air an fhraoch 's e fo bhlàth,
gun tàinig 'nam inntinn smuain bha uair ann a' cinntinn
air giorrad mo linn agus an-treòir mo làimh,
air neoinitheachd ghnìomh,
's an snàth caol tha na cailleachan a' sniomh.

Mar gum bithinn a-rithis fo neòil
thuirt Conn ri mo chridhe, "Leig dhìot a bhith mire,
bidh do bhruadar r'a shireadh aig deireadh an sgeòil,
is tuigidh an aois
nach eil aisling san òige nach traogh.

"Leig dhìot a bhith caitheamh do threòir
a' sireadh nan àirdean bhios daonnan gad thàladh,
's ag altromas gràidh do fhaileas an sgeòil;
leig dhìot a bhith strì
ris an smuain 's ris an neach bhios gad dhìth.

"Nuair ruigeas tu deireadh do chuairt
trèigidh an saoghal thu 's trèigidh do ghaol thu,
trèigidh gach maoin thu aig oirthir na h-uaigh,
thig crìoch air an dàn
is tuitidh an fhiodhall gu làr.

"Bidh fear eile an toiseach a' bhàt',
a' coimhead na mara ga pronnadh air stalla,
's ag altromas cala nach ruig e gu bràth,
ged tha làmh is a shùil
den neart sin a leig thus' air chùl."

Is tric dìth misneachd bhith 'n cuideachd cus smuain,
's cha mhise 'nam aonar a dh'fhuiling a' chaonnag,
no a chunnaic an daolag tha cladhach an tuaim,
ach thog mi mo shùil
is dh'fhiosraich mi misneachd ás ùr.

Oir chunnaic mi deargt' air an fhonn
làrach nan gineal 's frith-rathad an spioraid
a dh'fhoghlum bhith iriosal—slighe nan sonn
gach Dòmhnach bho chian
don ionad thug fasgadh on t-sian.

Is chunnaic mi, muigh air a' bhlàr,
giollan ri fearalas, còmhla ri sheanair,
bodach is leanabh a' ceangal na bà,
is chuala mi ceòl
na sìorraidheachd muigh air an lòn.

Mar chuairt na talmhainn mun ghrèin
tha cuairt nan gineal, gach ràith a' tional
's gach ràith ag imeachd gu deireadh na rèis;
thig earrach ás ùr
is fàgar an geamhradh air chùl.

An riasg ud a chì thu sa' bhlàr,
rinn sian a phronnadh is uisg a thomadh,
's o chian an domhain bha dhoimhneachd a' fàs;
dubh-bhàite fod chois
tha coilltean 'nan laighe aig fois.

Is chunnaic mi fàs agus searg
ann an glaicibh a chèile, is far nach bu lèir dhomh
chreid mi gur seudar don chridhe bhith 'g earbs'
ás an iùl-chairt nach lorg
an reusan tha siubhal san dorch.

'Nam laigh' air an fhraoch fad nan uair
chaidh bàs is beatha, is fàs is caitheamh,
's gach càs tha feitheamh orr' uile mun cuairt,
's le tuiteam na h-oidhch'
thàinig achmhasan fionnar na gaoith'.

LUIMEAD

Is lom fuaraidh a' ghaoth a-nochd,
lom, aognaidh a sgal,
lom, mì-aobhach a gal,
's i cnapraich air uinneig gun stad;
is lom a sèideadh
mu chaisteal Dhùn Eideann,
is lom a h-èigheachd,
is lom a beucaich;
is lom a maoidheadh,
ach is seachd lom mo chuimhne.

DÀ SHEÒMAR

Dh'fhaodadh nach caill mi mo shuain
aon uair eile gad chionn,
dh'fhaodadh gun chuir mi san tuam
gach bruaillean biorach a bh'ann,
dh'fhaodadh, a ghràidh,
gun do dhùin mi na clàir,
gun do shnaidh mi am bòrd,
gun do dh'fhuaigh mi an t-sròl;
dh'fhaodadh, a luaidh,
gun do chàirich mi thusa san uaigh.

Is dh'fhaodadh nach b'ann
roimh 'n mhithich a thàinig an t-àm,
dh'fhaodadh gur dall
a bha mi, gun shùilean 'nam cheann,
glaist' ann an seòmar le iuchair a thilg mi bhuam,
's mi 'n dùil nach iarrainn às gu sìorraidh buan,
dh'fhaodadh gun dhùin na ballachan orm gach là,
a' bruthadh 's a' dlùthadh 's a' teannachadh orm a ghnàth,
dh'fhaodadh gun thuit am mullach, 's nuair dh'fhalbh a' cheò,
sheas mi am meadhon an làraich—is bha mi beò.

BARENESS

Bare, chill is the wind tonight,
bare, bleak its blast,
bare, joyless its crying,
ceaselessly rattling the window;
bare its blowing
about Edinburgh Castle,
bare its shouting,
bare its roaring;
bare its threatening,
but seven times as bare my memory.

TWO CHAMBERS

Perhaps I shall not lose my sleep ever again for your sake; it may be that I have put in the tomb every piercing grief I had; it may be, my dear, that I have nailed down the boards, that I have shaped the staves, that I have sewn the satin; it may be, my love, that I have laid you in the grave.

And perhaps it was not before time that the time came; perhaps I was blind, without eyes in my head, locked in a chamber whose key I had flung from me, thinking I should not want to leave it till the end of eternity; it may be that the walls closed in on me each day, pressing and nearing and tightening their grip on me always; it may be that the roof fell in, and when the dust cleared, I stood in the midst of the ruin—and I was alive.

TRAIGH NORTH BERWICK

"Ciamar nach do mhair an reothart . . ."

An oidhch' ud air an tràigh dhuinn
cha b'ann fo mhulad bhà sinn,
cha b'ann a dh'easbhaidh mànrain,
cha b'ann gun ghuth air gàire;
bha 'ghealach gu bhith làn ann
's bha bann bhuaip sìnt' air sàl dubh
mar shruthan òir a' soillseadh,
air mhire mar le aoibhneas,
ged thàinig iad 'nam chuimhne-s',
gun iarraidh is gun fhaighneachd,
na briathran tiamhaidh drùidhteach
a sgrìobh am bàrd is dùil aig'
gun robh an reothart thairis,
is aghaidh ris a' ghailleann.
Is dh'aithris mi gu ciùin iad,
is glè bheag orm de chùram
gun tigeadh oidhch' ás ùr oirnn,
is tràghadh air ar rùintean,
's gun cailleadh sinn na h-ùbhlan
's na cnothan 's iad gun faoisgneadh.

Shaoil leam gun robh 'n sruthan
a' giùlan òr-luchd thugainn
de bhrìodal beòil 's de dh'fhuran,
gun ghuth air bròn no mulad.
Ach dh'aithnich mi bhon là sin
an lìonadh bhon an tràghadh,
thainig smuaintean thugam
is bha dath òir air cuid dhiubh,
ged bhà iad, mar a thuig mi,
ro fhada air an uisge.

NORTH BERWICK BEACH

"Why did the spring-tide not last ..."

That night on the beach
we were not sorrowful,
we did not lack love-talk,
were not strangers to laughter;
the moon was almost full
and a band of light stretched from it over the dark sea
like a golden stream shining,
alive as though with joy,
though there came to my mind,
unsought and unasked,
the plaintive moving words
the poet wrote, thinking
spring-tide was past,
and that he had the storm to face.
And I recalled them quietly,
with little care
that a new night would overtake us,
with ebbing of our desires,
and that we should lose the apples
and the nuts not yet unhusked.

I thought the stream
bore a golden-load to us
of love-talk and welcome,
with no word of grief or sorrow.
But since then I distinguished
flowing from ebb,
thoughts came to me,
some of them golden in hue,
though they were, as I saw,
too long in the water.

'NAM DHACHAIGH EADAR DHÀ DHÙTHAICH

'Nam dhachaigh eadar dhà dhùthaich
chì thu air bùird càiricht
sligean iomallach na tràghad
is air a' bhalla, dealbh siùrsaich
is i 'na seasamh aig oisinn stràide.
Chì thu, á uinneag an t-seòmair,
toit is smùid, is troimh uinneag a' chùlaist
air latha foghair, gluaisidh an t-àile;
O! air cho cùbhraidh 's gam bi t' fhàileadh
cha smiùr thu 'n taigh seo o ghalar bàis dhomh.

'Nam sgrìobhadh eadar dhà chànain
chì thu ri deàlradh daoimein
cladhaicht á mèin an aoibhneis,
's a' ghrùid 's am morghan làmh riuth'
a' mùchadh, air uair, am boillsgeadh.
Is chì thu, mar chaile-bianan
ga fhrasadh bho liagh mo ràimh-sa,
's ga bhàthadh an cuan na cuimhne,
smuain lainnireach thàinig gun fhaighneachd
bho bhrù mhosach na h-oidhche.

'S 'nam chridhe eadar dhà chuireadh
leughaidh tu 'm mulad as lèir dhut,
mulad a chionn 's gun do ghèill mi,
's gun d'rinn mi do dhiùltadh buileach,
mum b'aithne dhomh idir do bheusan,
nuair thairg thu dhomh 'Cairistiona,'
's a thuirt mi nach b'fhiach leam a tuireadh,
's a thuirt mi nach b'fhiach leam a brèideadh;
dìtidh do bhòidhchead-s' a' bhreug ud
's i laiste led choinnleirean cèire.

Bidh eagal orm roimh do bhòidhchead
is tusa pòsda mus d'fhuair mi
aithne air do chliù 's do shuairceas,
no blas toirmisgt do bheòil-sa,
a chuir m'uile fheòil fo bhuaireadh.
Bidh eagal orm roimh do mhànran
's gum fàg a mhìlseachd mi leòinte
taobh-muigh do sheòmair san fhuar-ghaoth
tha reodhadh mo chainnte fuadain
's tha sgailceadh mo chridhe luainich.

IN MY HOUSE BETWEEN TWO COUNTRIES

In my house, between two countries, you may see, arrayed on tables, the far shells of the sea-shore, and on the wall, the picture of a harlot, standing at a street corner. You can see, from the lounge window, smoke and fog, and through a window at the back, on an autumn day, a breeze moves sweetly; O! however sweet your scent may be, you cannot fumigate this house for me from its mortal disease.

In my writing, between two tongues, you can see, gleaming, diamonds dug from the mine of ecstasy, with the scum and the gravel by them, choking at times their shining. And you can see, like phosphorescence being showered from the blade of my oar, and being drowned in the sea of my memory, a glinting thought that has come unasked from the surly womb of night.

And in my heart, between two invitations, you can read the grief that you see there: grief on account of my yielding, and because I refused you entirely (before I knew of your virtues) when you offered me "Cairistiona," and I said I cared not for her mourning, and I said I cared not for her kerching; a lie condemned by your beauty, in flame with your waxen candles.

I shall be afraid of your beauty—you were married before I had knowledge of your maidenly virtue and kindness, or your lips' forbidden encounter, which put all my flesh in temptation. I shall be afraid of your wooing, lest its sweetness leave me wounded, in the cold wind outwith your chamber, freezing my fleeting language, and splitting my heart unstable.

PABAIL

Air iomall an talamh-àitich, eadar dhà sholas,
tha a' churracag a' ruith 's a' stad, 's a' ruith 's a' stad,
is cobhar bàn a broillich, mar rionnag an fheasgair,
ga lorg 's ga chall aig mo shùilean,
is tùis an t-samhraidh
ga lorg 's ga chall aig mo chuinnlean,
is fras-mhullach tonn an t-sonais
ga lorg 's ga chall aig mo chuimhne.

Bàgh Phabail fodham, is baile Phabail air fàire,
sluaisreadh sìorraidh a' chuain, a lorg 's a shireadh
eadar clachan a' mhuil 's an eag nan sgeir,
is fo ghainmhich a' gheodha,
gluasad bithbhuan a' bhaile, am bàs 's an ùrtan,
an ùrnaigh 's an t-suirghe, is mìle cridhe
ag at 's a' seacadh, is ann an seo
tha a' churracag a' ruith 's a' stad, 's a' ruith 's a' stad.

DÀ THAIBHSE

Anns an dìg dhomhainn aig ceann na buaile,
bhiodh na cailleachan ag ràdh chaidh murt a dhèanamh;
bu tric a chunncas taibhse a' gluasad
air oir an rathaid, ri fèath 's ri siantan.

Is iomadh feasgar a ghabh mi seachad
air oir na h-iomagain is mi 'nam bhalach,
eadar coiseachd 's ruith, air eagal sealladh
fhaotainn a chaoidh den taibhs' gun anail.

'S ged ruiginn ceann na buaile an dràsda
tha fhios gu bheil tannasg truagh a' tàmh ann,
ach dhèanainn an diugh am barrachd dàlach
ri taibhse a' bhalaich a chaidh a bhàthadh.

BAYBLE

On the edge of the arable land, between two lights, the plover runs and stops, and runs and stops, the white foam of its breast like the star of evening, discovered and lost in my looking, and the fragrance of summer, discovered and lost by my nostrils, and the topmost grains of the wave of content, discovered and lost by my memory.

Bayble Bay below me, and the village on the skyline, the eternal action of the ocean, its seeking and searching between the pebble stones and in the rock crannies, and under the sand of the cove; the everlasting movement of the village, death and christening, praying and courting, and a thousand hearts swelling and sinking, and here, the plover runs and stops, and runs and stops.

TWO GHOSTS

In the deep ditch at the field end
the old women said there had been a murder;
often a ghost was seen moving
at the edge of the road, in calm or storm.

Many an evening I passed the place,
on edge and anxious when I was a boy,
half running, for fear of catching
a glimpse of the ghost with no breath in its body.

Though I were to reach the field-end now
I'm sure there's a poor ghost staying there,
but today I'd wait a little longer
for the ghost of the boy who has been drowned.

ASAID

Tha slios a' bhaile 'na laighe fo òr an fhoghair,
tha an speal gleusda 's an corran deiseil,
's na raointean torrach a' feitheamh an asaid,
's cha ghluais duine. Nuair theid mi don doras
chan fhaod mi mo shùil a leagail air raon an arbhair,
's cha dèan an cù comhart. Thug blianna mun cuairt
geamhradh is earrach is samhradh, 's tha 'm foghar air tighinn:
bu mhinig a chualas gàirich is gleadhraich m'an àm seo
's gun ann an diugh ach gal cràidhteach naoidhein,
nach bris air sàmhchar balbh a' chridhe bhriste.

CHUNNAIC MI RÒS A' FÀS

Chunnaic mi ròs a' fàs air stalla na h-eachdraidh,
's e deoghal sùgh ás a' chreig bho linn nan linn,
's a bhlàth cùbhraidh an cuimhne cràbhach dhaoine,
is ghabh mi iongnadh gum maireadh a' mheud seo mhaise
fo imlich saillte an t-sàil 's fo bheum a chlaidheimh;
cha b'ann gun spàirn a ràinig mi eag an ròis seo,
's a thog mi a' chraobh, 's a chuir mi i 'n taobh a' ghàrraidh,
ach O! chan eil cùram ann a ni a caomhnadh,
no gath bho ghrèin an t-saoghail a-nis bheir blàth oirr'.

FIR-CHLIS

Cha do sguir na fir-chlis bho thàinig am Faoilleach
a streap ri ceanglaichean dubha nan àrd-neul,
is bidh iad a' cluiche mar sin gun chaochladh
ged a chailleadh an t-eilean seo cuimhne air a chànain,
ged bhios mise 's mo leithid a' cosg ar n-iarrtais
air binnean corrach gailbheach na tìm seo,
's a' cosg ar làmhan air sìoman dìomhain
a chàradh air stràbhan diomain na tìr seo.

DELIVERY

The side of the village lies under the gold of autumn, the scythe is whetted and the sickle ready, and the ripe fields await their delivery, and no man moves. When I go to the door I cannot rest my eye on the field of corn, and the dog does not bark. A year has brought round winter and spring and summer, and autumn has come. Laughter and merry din were often heard at this time, although to-day there is nothing but the pitiful crying of a child that does not break the stillness of the broken heart.

ROSE

I saw a rose growing on the rock-face of history, sucking sap from the rock from age to age, and its bloom fragrant in the pious memory of men, and I wondered that this much of beauty should survive under the salt licking of the sea, and the cut of its sword; it was not without effort that I reached the niche of this rose, and lifted the tree, and planted it at the side of the garden, but O! there is no care that will keep it, nor ray from the world's sun that will make it bloom.

MERRY DANCERS

The Merry Dancers have not stopped, all February,
climbing the black rafters of the clouds,
and will be playing like that, unchanging,
though this island should lose its language,
and I and my like expend our desires
on the unsteady stormy pinnacle of this time,
and waste our hands putting useless ropes
over the short-lived straw of this country.

GED BHA GHAOTH A-RAOIR A' SÈIDEADH

Ged bha ghaoth a-raoir a' sèideadh gu gailbheach,
's ged leag i na h-adagan shìos air an iomair,
nuair chaidh mi sa' mhadainn an diugh gan togail
bha an dias làn 's an sìol gun a fhrasadh,
's ma dh'fhanas an turadh ni sinn a thorradh,
is dh'fhaodadh nach misd' e an sgal a fhuair e,
Ach mo thruaighe an t-iomair sin thall 'na laighe,
ri dol don talamh 's gun neach ri buain ann.

LÀRAICHEAN

Tha làraichean thaighean shìos air an sgaoiltich,
's na feannagan bàna 'nan cadal
an achlais na tràghad,
's na h-eathraichean mòra ri grodadh
ri grèidheadh na grèine.
Air là samhraidh, o chionn leth-cheud blianna
thug am baile ceum air ais, 's a-nis,
tha 'n tobhta stòlda, feurach
air greimeachadh le freumhaich
's an tughadh air seacadh
's tha na feannagan fada bhon tràigh
a' tuiteam 'nan cadal,
's tha an samhradh gu bhith againn.

Tha an t-seann bhean a dh'innis an uiridh dhomh
eachdraidh nan taighean-saillidh,
is eachdraidh a h-òige fhèin,
is eachdraidh a' bhòn-dè sa' bhaile,
'na suidhe ri taobh na cagailt,
is am feasgar am fagas,
is an samhradh gu bhith againn,
is an geamhradh gu bhith againn.

Tha an t-seann bhean a dh'innis an uiridh dhomh
beagan de dh'eachdraidh a' bhaile,
a' cnuasachd làithean an earraich,
's a' bualadh a' choirc anns an t-sabhal,
's ga bhleith leis a' bhrà a ghlèidh i,
's a' cuimhneachadh obair a' chorrain
anns an fhoghar a bh'againn,
's tha 'n geamhradh gu bhith againn.

THOUGH THE WIND LAST NIGHT WAS BLOWING FIERCELY

Though the wind last night was blowing fiercely, and though it tumbled the stooks down in the corn-field, when I went in the morning to-day to lift them, the ears were full and the seed unscattered; and if rain does not come we will finish the stacking, and perhaps it will not be the worse of this buffet, but alas for the rigs over yonder lying, returning to earth, with no one to scythe them.

RUINS

There are ruins of houses down on the shore-plain, and the wan lazy-beds are sleeping in the oxter of the shore, and the great boats are rotting in the warping sun. On a summer's day, fifty years ago, the village stepped back a pace, and now the stolid grass-covered walls have taken root again, and the thatch has sagged, and the lazy-beds far from the shore are falling asleep, and it is almost summer.

The old woman who told me last year the story of the curing sheds, and the story of her own youth, and the story of the day before yesterday in the village, is sitting beside the hearth, and the evening is drawing in, and summer is almost upon us, and winter is almost upon us.

The old woman who told me last year a little of the story of the village, is gleaning the days of spring, and threshing the oats in the barn, and grinding them with the quern she has kept, and remembering the sickle's work in the autumn we had, and winter is almost upon us.

AN TOBAR

Tha tobar beag am meadhon a' bhaile
's am feur ga fhalach,
am feur gorm sùghor ga dhlùth thughadh,
fhuair mi brath air bho sheann chaillich,
ach thuirt i, "Tha 'm frith-rathad fo raineach
far am minig a choisich mi le'm chogan,
's tha'n cogan fhèin air dèabhadh."
Nuair sheall mi 'na h-aodann preasach
chunnaic mi 'n raineach a' fàs mu thobar a sùilean
's ga fhalach bho shireadh 's bho rùintean,
's ga dhùnadh 's ga dhùnadh.

"Cha teid duine an diugh don tobar tha sin"
thuirt a' chailleach, "mar a chaidh sinne
nuair a bha sinn òg,
ged tha 'm bùrn ann cho brèagh 's cho geal."
'S nuair sheall mi troimhn raineach 'na sùilean
chunnaic mi lainnir a' bhùirn ud
a ni slàn gach ciùrradh
gu ruig ciùrradh cridhe.

"Is feuch an tadhail thu dhomhsa,"
thuirt a' chailleach, "ga b'ann le meòirean,
's thoir thugam boinne den uisge chruaidh sin
a bheir rudhadh gu m' ghruaidhean."
Lorg mi an tobar air èiginn
's ged nach b'ise bu mhotha feum air
'sann thuice a thug mi 'n eudail.

Dh' fhaodadh nach eil anns an tobar
ach nì a chunnaic mi 'm bruadar,
oir nuair chaidh mi an diugh ga shireadh
cha d'fhuair mi ach raineach is luachair,
's tha sùilean na caillich dùinte
's tha lì air tighinn air an luathghair.

THE WELL

Right in the village there's a little well
and the grass hides it,
green grass in sap closely thatching it.
I heard of it from an old woman
but she said: "The path is overgrown with bracken
where I often walked with my cogie,
and the cogie itself is warped."
When I looked in her lined face
I saw the bracken growing round the well of her eyes,
and hiding it from seeking and from desires,
and closing it, closing it.

"Nobody goes to that well now,"
said the old woman, "as we once went,
when we were young,
though its water is lovely and white."
And when I looked in her eyes through the bracken
I saw the sparkle of that water
that makes whole every hurt
till the hurt of the heart.

"And will you go there for me,"
said the old woman, "even with a thimble,
and bring me a drop of that hard water
that will bring colour to my cheeks."
I found the well at last,
and though her need was not the greatest
it was to her I brought the treasure.

It may be that the well
is something I saw in a dream,
for today when I went to seek it
I found only bracken and rushes,
and the old woman's eyes are closed
and a film has come over their merriment.

TAOBH THALL NA BEINNE

Taobh thall na beinne tha 'n gleann a dh'fhàg mi,
gu socair sàmhach fo ghrèin 's fo ghealaich,
is coirc buidhe fo dhias ri fàs ann,
is bàrr air an t-sìol a chuir mi 's t-earrach.

Is mise an seo a' feitheamh na Dùbhlachd,
's am feur lom bhios bàn air feannaig,
's a' guidhe, a Dhia, gun tuit na h-ùbhlan
a spàrr dùrachd air àird a' mheangain.

MÀRT

Air a' Mhàrt seo rithis, a dh'aindeoin gach tuaileis,
nuair a thuit mo shuain dhiom, bha na h-uain a' mèilich,
's nuair sheall mi a-mach, gus do dhealbh fhuadach,
cha d'fhuair mi sealladh no gealladh air sèimheachd.

Chuir gilead an còta 'nam chuimhne do bhòidhchead,
is sneachda do bhroillich fo shròl ga fhalach,
is thug am beadradh gu m' inntinn do cheòl-sa
is sàmhchar a' bhròin nuair chaidh e thairis.

AIR STRÀID ANMOCH

Air stràid anmoch fo uinneig mo sheòmair
ann an Obar Dheadhain air oidhche Shathairn,
tha còmhlan a' seinn a' cheart òrain
chuir grìs 'nam fheòil le ceòl a ghathan,
is cluinnidh mi 'n sin bloigh den còmhradh
mar gun dèanadh cluasan na cuimhne farchluais,
ged tha deich blianna a-nis is còrr ann
bhon ghabh an glòir sin caochladh astair.

BEYOND THE HILL

Beyond the hill is the glen I left, quiet and still under sun and moon, with yellow corn in the ear growing there, and the seed I sowed in spring yielding a crop.

And I here awaiting December, and the stunted grass pale on the lazy-bed, and praying O God, that the apples should fall that desire thrust to the top of the bough.

MARCH

This March again, in spite of depression,
when I wakened, the lambs were bleating,
and when I looked out, to dispel your image,
I found no sight or promise of peace.

Their white coats reminded me of your beauty,
and your breast's snow hidden under satin,
and their frolicking brought to mind your music
and the stillness of sorrow when it went by.

ON A LATE STREET

On a late street, beneath my window, in Aberdeen, on a Saturday night, a group is singing the self-same song that stirred my flesh with its barbed music; and then I hear a snatch of their talk, as though memory's ears should stoop and eavesdrop, though ten years and more are gone since that glory went another way.

ACHADH-BHUANA

Air feasgar meallta a-measg nan adag,
is pàirt gun a bhuain, thàinig tu 'n rathad,
is chuir mi mo speal an sin am falach
air eagal gun dèanadh am faobhar do ghearradh.

Bha ar saoghal cho cruinn ris an achadh-bhuana
ged bha cuid dheth abaich is cuid dheth uaine,
an là ri obair 's an oidhch' ri bruadar,
is dh'èirich a' ghealach a meadhon suaimhneis.

Dh'fhàg mi beagan ri bhuain a-màireach
is choisich sinn còmhla eadar na ràthan,
thuit thu air speal bha fear eile air fhàgail,
is ghearradh do chneas, is dhiùlt e slànadh.

A CHIONN 'S GU BHEIL

A chionn 's gu bheil an dealbh briste
cuiridh mi bhuam e, chan eil buannachd
ann a bhith ga amharc, no slàinte,
a chionn 's gu bheil am balla sgàinte.

A chionn 's gu bheil an snaidhm fosgailt
ruithidh an ròp troimh mo làmhan,
chan fhiach dhomh an lìon a chàradh
a chionn 's gu bheil am bàta sgaoilte.

A chionn 's gu bheil a' gheug air crìonadh
cha chuir mi todhar ris a' chraoibh seo,
is ni mi geamhradh den fhoghar
a chionn 's gun chaill mi na gadhair.

A chionn 's gu bheil am bruadar sgoilte
cha chuir mi mo chrìdh air cluasaig,
cha chùnnt mi na h-eòin bhreaca
a chionn 's gu bheil an nead creachte.

HARVEST FIELD

One deceptive evening, among the sheaves, with some of the corn uncut, you came by, and I put my scythe then in hiding, for fear that the edge of the blade would cut you.

Our world was rounded like the harvest field, though a part was ripe and a part green, the day to work and the night to dream, and the moon rose in the midst of content.

I left a little to cut on the morrow, and we walked together between the swathes: you fell on a scythe that another had left, and your skin was cut, and refused healing.

SINCE THE PICTURE IS BROKEN

Since the picture is broken I will put it from me; there is no profit in looking at it, nor healing, since the wall is cracked.

Since the knot is undone the rope will run through my fingers; it is not worth my while to mend the net since the boat has slipped its moorings.

Since the branch has withered I will not manure this tree, and I will make a winter of autumn since I have lost the hounds.

Since the dream is cleft, I will not put my heart on the pillow; I will not count the brindled birds since the nest is raided.

CLAIS

Tha cuimhne agam sinn a bhith cladhach na clais' sin
a tha 'n diugh fo fheur, is a bilean a' dùnadh,
feur air a bonn is feur air a bruaichean,
's i air call a doimhne;
tha cuimhne 'am mar a dh'fhàg na spaidean
srianag dhubh air a' ghlasaich,
is O! chridhe, tha cuimhne 'am
mar a dh'fhàg an oidhche ud
srianag dhubh air mo chuimhne.

TILLEADH

Nuair thilleadh mo dhaoine dhachaigh on iasgach
bhiodh oidhche ann ri riarachadh toradh an t-seusoin,
is iomadach feasgar a' deanamh an t-seanachais
ma Ghallaibh 's Ceann Phàdraig, ma Shasainn 's ma Eirinn.

Cupain le airgead 's le òr air an deiltreadh,
is sìod' ris an eilticheadh seanmhair is òg-bhean,
ribeanan rìomhach do mhaighdeanan fìnealt,
ri cosnadh a' bhrìodail nach caomhnadh na pògan.

Fiach nach bi eachdraidh nan daoin' ud nad chuimhne
nuair thilleas mi dhachaigh air oidhche mo nàire,
oir cha dèan mi mo rathad gu bùithtean na fèille,
's cha dùisgear lem sgeul-sa do ghean na do ghàire.

GHLUAIS AN RAOIR AN TROM-LAIGHE MO CHUIMHNE

Ghluais an raoir an trom-laighe mo chuimhne
bha mùchte fo chuibhrigean breaca m'eachdraidh,
is bha mi, mar chleachd mi, fo uamhann
air chrith air stalla an uabhais, 's am bàs stobach
ag at 's a' glaodhaich, is sgriachail fhaoileag
gam ghairm gu gàbhadh.
Is dh'aithnich mi 'm bidean bhon aigeann,
is chunnaic mi 'chlach a' tuiteam,
is thomhais mi luaths a siubhail.

DITCH

I remember when we were digging that ditch that is now grass-covered, with its lips closing; grass on its base and grass on its edges, and its depth diminished; I remember how the spades left a black streak on the greensward, and O! heart, I remember, how that night imprinted a black streak on my memory.

RETURN

When my people returned home from the fishing, a night was spent sharing the season's earnings, and many an evening in telling stories of Wick, Peterhead, England and Ireland.

Cups with silver and gold ornamented, and silk to rejoice grandmother and bride, lovely ribbons for elegant maidens, winning love that no kisses refused.

Do not recall those men's story when I return on the night of my shame, for I make not my way to the booths of the fair, and my tale shall not stir your joy nor your laughter.

LAST NIGHT NIGHTMARE MOVED MY MEMORY

Last night nightmare moved my memory,
smothered in the chequered coverlets of my history,
and I was, as often before, struck by dread,
trembling on the awful precipice, with jagged death
swelling and shouting, and seagull's screams
calling me to danger.
And I distinguished between the pinnacle and the sea-floor,
and saw the stone falling,
and measured its acceleration.

Oirleach eadar caoidh is ceòl,
òirleach eadar ciùine 's fearg,
òirleach eadar fuath is gaol,
is faobhar eadar fàs is searg.

An nì sin a ghoid bhuam an dè an aigeann
ghoid e a' bhòn-dè bhuam am bidean;
am fear sin a dh'adhlaic an diugh mo chiùineas
dheasaich e raoir tòrradh na feirge;
is ise d'an tug mi 'n uiridh m' fhuath-sa
chùm i bhuam iasad mo ghaoil-sa.

Chan abair mi nochd—bu bheag a b'fhiach leam—
athchuinge Yeats air madainn an iargain,
e smaointinn oirre-se agus ag iarraidh
freasdal do-gheibhte air cuan nam blianntan,
riochd nan eun fionn air cop nan stuaghan,
is fhios 'am nach gluaiseadh siud mo luathghair,
's chan fhaighnich mi dhìot a-nochd an cluinn thu,
a Chairistìona, thar gàir an tuinn mi.

Tha cuimhne 'am a-nochd mar a leumadh m'aigne
fo bhuille an tuinn 's a' chreag ga sgailceadh,
is coit mo chridh-sa nach iarradh acair
air àird nan stuagh 's an uaigneas claise,
air chrith roimh dhìle gheal a' teàrnadh,
air mhire air binnean corrach gàbhaidh;
beò mar fhaoileag air tràghadh 's lìonadh—
mi 'n diugh mar àrc air marbh-shruth dìomhain.
Bidh cuid ag iarraidh fois nam blianntan,
ach fòghnaidh siud dhomh an dèidh dhomh liathadh.

Thainig orm an nì nach do shaoil mi,
fèath nan eun roimh dheireadh Faoillich,
còmhnard ann a meadhon aonaich—
's cha b'ann mar chlothadh an teasaich bhraonaich.
Chan e riochd nan eun fionn tha mi nochd ag iarraidh,
ach fèath nan eun fionn is mire iarmailt.

An inch from grief to music,
an inch from calm to anger,
an inch from hatred to love,
and a razor's edge between growth and withering.

That which stole the sea-floor from me yesterday
stole from me the day before the pinnacle;
the one who buried today my stillness
prepared last night the obsequies of wrath;
and she to whom I gave my hatred last year
kept back from me the loan of my love.

I shall not say tonight—I little care to—
Yeats' prayer on the morning of longing,
as he thought of her and wished for
a providence unobtainable on the sea of the years,
the guise of the white birds on the waves' foam,
knowing that that would not move me to joy,
and I shall not ask tonight if you hear me,
Cairistiona, above the roar of the wave.

I recall tonight how my spirits would leap
at the crack of the wave splitting the rock,
with my heart's coracle that wanted no anchor
on the wave crest, in the lonely trough,
trembling at the white flood pouring down,
in ecstasy on the unsteady pinnacle of peril;
alive like a seagull on ebb and flow—
today like a cork idle on becalmed waters.
Some ask for the quietude of the years,
but that will suffice me after I've turned grey.

What I did not anticipate has come upon me,
the 'calm of the birds' in mid-February,
a level plain in a high mountain—
and not like respite in sweating fever.
It is not the guise of the white birds I want tonight,
but the 'calm of the white birds'* and sky's ecstasy.

* A euphemism for very stormy weather

MUR A BIODH ANN ACH SIREADH

Mur a biodh ann ach sireadh
bu tù an ròs Frangach sa' ghàrradh,
a' ghrian fhann aig briseadh na fàire,
bu tu an reul soillseach san oidhche,
an t-ubhal air àrd-gheug na craoibhe;
bu tù geal-leannan Mhic Mhuirich
nad shuidhe gun neach gad ruighinn,
's mo shùil-sa nach fhàsadh dall
gad amharc sa' chùil ud thall.

Mur a biodh ann ach sireadh
dh'fhanadh an latha samhraidh
's cha tigeadh am bruadar gu ceann dhuinn;
bhiodh an leug luachmhor ri fhaotainn,
an t-seasmhachd a meadhon a' chaochlaidh,
a' bhòidhchead fo chumadh an aodainn;
bhiodh an ceòl air bilean na maighdinn,
's an t-òran eile ri chluinntinn,
's a' chlàrsach fhathast r'a seinn dhuinn.

Mur a biodh ann ach sireadh
's gun aithne air an là-màireach,
chan fhaicinn do bhòidhchead a' cnàmhachd
chan fhaicinn ag iathadh ma d' shùilean,
na preasan tha brath air do rùintean,
chan fhaicinn do bhlàthan a' dùnadh;
chan fhaicinn am bàrr a' crìonadh,
no duilleach na craoibhe ga spìonadh,
's chan fhaicinn am feur a' liathadh.

Mur a biodh ann ach sireadh
chan fhaicinn an tonn a' dlùthadh
's a freumhaichean uaine gam mùchadh,
chan fhaicinn an cop a' sgaoileadh
's an t-uisge beò a' traoghadh,
chan fhaicinn an fheamainn rèisgte
air èaladh fo theas na grèine,
's an t-earball-sàil air grèidheadh.

Is mairg nach taitinn an dealbh ris
cho luath is a gheibh e sealbh air,
's is mairg a gheibhear sa' ghàrradh
is fàileadh an ròis air fhàgail,
's is mairg a lorgar san tiùrr seo
's a' chonntraigh air slugadh a dhùrachd.

IF THERE WERE ONLY SEEKING

If there were only seeking, you would be the French rose in the garden, the wan sun breaking the sky-line; you would be the bright star in the night-time, the apple aloft on the bough; you would be Mac Mhuirich's white sweetheart, sitting where no one could reach you, and my eyes, that would not grow blind, gazing at you in yon corner.

If there were only seeking, the summer's day would stay, and the dream would never end; the precious stone still to find, constancy in the midst of change, beauty under the contour of the face; music on the lips of the maiden, and the other song still to hear, and the harp still to be played.

If there were only seeking, with no knowing to-morrow, I should not see your beauty decaying, nor mark the wrinkles that spread out from your eyes, betraying some of your secrets, nor see your blossoms closing; nor see the shaws withering, and the leaves of the tree being stripped, and the grass turning grey.

If there were only seeking, I should not see the wave approaching, with its green roots being smothered, nor see the foam spreading, and the live water receding, nor see the bone-dry seaweed a-crawl in the heat of the sun, and the tangle-tails warped.

Wae for the one whom the picture cannot please as soon as he owns it, and ill fall who is found in the garden when the scent of the rose has left it, and ill fall who is found in the sea-wrack when the neap has sucked down his desire.

TEALLAICHEAN

Ann a meadhon an teallaich òig aoibhnich
chì mi 'nan seasamh taibhsean èibhleag
a ghlèidh an cruth 's an cumadh dom lèirsinn
ged tha 'n taobh a-staigh dhiubh mìn-gheal breòite
a' crìonadh gu luath na meadhon-oidhche
air cagailt sgaoilte brist mo sheòmair.

'S a meadhon an teallaich òig eile
chì sùilean m' eagail tannasgan aoibhneis
nach dùraig mo smuain sàthadh boillsgeach
a dhèanamh annta, air eagal ceòl-gàire
a sgathadh gu lom o cholainn deireil
's a leagail 'na luath air cagailt àmhghair.

FEITHEAMH

A chionn 's gu bheil do shùilean fhathast
beò le lainnir,
agus do chuach-fhalt càiricht
fo stìom na h-àilleachd,
's a chionn 's gu bheil gach nì tha abaich
dol ás an t-sealladh,
chan iarr mi ach bhith gad amharc
air àird a' mheangain.

'S a chionn 's nach diù leam do chòmhradh
a choimeas ri guth na smeòraich,
no ceòl do bhilean
ri binneas fiodhaill,
's a chionn 's gu bheil an teud a bhriseadh
gun chàradh misnich,
èisdidh mi thar gach samhlaidh
ri duan-dòchais do shamhraidh.

'S a chionn 's nach eòl domh do chridhe
cha chòir dhomh a shireadh,
's air eagal nach glèidh mi slàn e
cha shìn mo làmh ris,
a chionn, an cridhe bha uair sgàinte
cha shlànaich le ùr-fhàsgadh,
's cha mhò ghleidheas e aoibhneas
air fiosrachadh àird a dhoimhne.

HEARTHS

In the midst of the fresh joyous hearth
I see set ghosts of embers
that have kept shape and outline as I look at them
though inside they are powder-white and fragile
withering to midnight ash
on the splayed broken hearth of my room.

And in the midst of the other young hearth
my fear's eyes see ghosts of joy,
and my thought does not dare to make
a shining thrust into them, lest laughter
be cut bare from a listless body
and fall as ash on a hearth of pain.

WAITING

Because your eyes are still alive with light, and your curled hair gathered under beauty's snood, and since all things that are ripe go out of sight, I shall ask but to look at you on the top of the bough.

And since I do not deign to compare your talk to the notes of the thrush, nor your lips' music to the sweetness of violin, and since the string that was broken lacks hope's repair, I shall listen beyond similes to the hope-song of your summer.

And since I do not know your heart I ought not to seek it, and lest I keep it not whole I shall not stretch my hand to it, since the heart once cracked heals not with new pressing, and cannot keep its gladness when its depth is known.

CLACHAN-MEALLAIN

A' mhadainn ud a bha na clachan-meallain
a' bualadh gu dian air an stairsnich,
air leac a' chridhe, a' leum 's a' bualadh,
's a' bualadh 's a' reodhadh,
's a' reodhadh 's a' marbhadh;
's a' mhadainn ud a dh'fhosgail mi'n doras
ma choinneamh na searbhachd,
searbhachd reòt' na gaillinn,
is puinnsean an t-sneachda,
is nimh nan clachan-meallain
a bha reodhadh mo lic—
a' mhadainn ud thainig thu steach ás ùr
air doras mo chridhe,
is ghabh thu t' àit ann,
a' tionndadh gu mil an t-searbhachd.

following conditions have been met:

The Customer has a valid till receipt
The exchange must be requested within thirty days of purchase
The returned goods must be in mint condition and unused
The goods must be normal stock items

This does not affect your statutory rights

EXCHANGE POLICY

We will gladly issue an exchange where the following conditions have been met:

* The Customer has a valid till receipt
* The exchange must be requested within thirty days of purchase
* The returned goods must be in mint condition and unused
* The goods must be normal stock items

This does not affect your statutory rights

Ink'n'Thin
Booksellers
53-62 Southbridge

http://www.darkthin.co.uk

Creachadh na Charsaich £10.00

EXCHANGE ONLY

TOTAL £10.00
PAYMENT CASH £10.00

HAILSTONES

That morning that the hailstones
were urgently striking the threshold,
the flagstone of the heart, leaping and striking,
and striking and freezing,
and freezing and killing;
that morning when I opened the door
in the bitter weather,
the frozen bitterness of the storm
and the poison of the snow,
the venom of the hail
that was freezing my flagstone—
that morning you came in a-new
on the door of my heart,
taking your place in it,
turning the bitterness to honey.

Eadar Samhradh is Foghar

Eilean an Fhraoich

SGÒTHAN

Brat ciartha air mo shùil
air chor 's nach fhaic mi bhuam
do chaochladh, eilein chiar,
is m' iargain ort cho buan.

Ged dh' fhalbh mi uat gun smuain
le braise 's gàir na h-òig,
mo shùil air fàire chian
's mo cheuman dian 'na tòir.

Cha robh 'n fhàir' ach 'na bun-sgòth,
sgòth air sgòth a' mùchadh lì
na grèin air muir mo mhiann,
's a' chaile-bianain 'na mo chridh.

Sgòth air sgòth ga càrnadh suas,
toirt a' char asam gach là,
Beanntan Bharbhais air mo bheulaibh,
's Mèalaiseal fo ghorm bhlàth.

Mùirneag bheag taobh thall an loch
mar gu ruiginn oirr' le ràmh,
Sìthean an Airgid gu deas—
cha leig mi leas a bhith fo phràmh.

Beinn Phabail an seo ri m' thaobh,
is Hòl 'na chrùban gu tuath—
ach chaidh mise bhuap air taod
cho fada 's a theid gaol bho fhuath.

Heather Isle (Lewis)

CLOUDS

Waxed bandage on my eye, so that I do not see how you have changed, dark island, long missed.

Though I left light-heartedly, in youth's brashness and gaiety, my eye on a distant horizon, my steps hurrying towards it,

The horizon was only the cloud-base; cloud after cloud quenched the sparkle, of the sun on the sea I wanted, of the phosphorescent gleam in my heart.

Cloud piling on cloud, tricking me daily, Barvas Hills before me, Mèalaiseal in a blue bloom.

Little Mùirneag across the loch, as though I could touch it with an oar, the Silver Mount to the south—I need not feel depressed.

Bayble Hill beside me here, and Hòl crouching to the north—but I went away from them, on a tether, as far as love goes from hate.

FUAIM AN T-SAMHRAIDH

Troimh 'n drùchd tha criathradh chun na mòintich bhlàith-s'
thig fuaim an t-samhraidh, dripealachd measg feòir,
sgiath shocair air a' chiùineas, geumnaich bà,
is casd na caorach, sireadh air a h-eòil.

Am baile beò le bruidhinn, fear a' trod
leud buaile ris a' chù, is Bean Iain Bhàin
'g èigheach nam balach dhachaigh, agus gog
na circe luainich, cruinneachadh a h-àil.

Solas an Stòir a' boillsgeadh—ge be triall
ni mis gu cladach aineoil, fanaidh soills'
do ghathan diomain, agus bidh mo mhiann
air monabar samhraidh chluinntinn 'm beul na h-oidhch'.

EILEAN CHALUIM CHILLE,
AN LOCH EIRIOSORT, LEÒDHAS

(Chaidh sinn air chuairt don eilean air là samhraidh, an 1955, là teth
bruthainneach, is na pèileagan a' cluiche anns an loch, far am minig a
dh' fhairich Murchadh Mòr Mac Mhic Mhurchaidh "sadadh nan tonn"
mu shròin na *Làir Dhuinn*)

Fàs, fàs an grian-shruth bruthainneach trath-nòin,
sliosan do chnuic dathte le raineach 's fraoch,
còinteach is riasg do ghleannain, feur do lòin,
gort agus iodhlann shaidhbhir gheal nan naomh.

'S torrach an deanntag mu do chlachan lom,
i frasadh sìol as t-fhoghar thar nan leac;
far an robh gillean dìreach thogadh fonn
tha 'n seileasdair gun lùbadh nise streap.

Mhùch gnùsdaich chaorach seirm nan salm o chian,
tha guth na fìdhle balbh 's am bogha brist,
tha fodair na *Làir Dhuinn* am brù nan sian,
is Murchadh Mòr aig neoni anns a' chist.

Bho abhal-ghort gu goirt, bho ghorm gu bàn,
fàsach ath-nuadhaicht' far 'n robh ionad Dhè,
bu leis an fhaoileig thu aig toiseach tràth'
's tha 'n fhaoileag fhathast crochte air a' sgèith.

THE SOUND OF SUMMER

Through the dew, sieved to this warm moor, there comes the sound of summer, busyness in the grass, a wing un-urgent on the quiet air, a cow lowing, a sheep's cough as it explores its pasture.

The village alive with talk, a man haranguing the dog across a field, and John Bàn's wife calling the boys home, the cackle of a restless hen gathering its brood.

Store Point light flashing—no matter the journey I make to a strange coast, the light of your short-lived beams will stay, and I shall want to hear summer murmuring at nightfall.

ST COLUMBA'S ISLE, LOCH ERISORT, LEWIS

Deserted in the noon-time's shimmering, pouring sun,
your hillsides stained with heather and with fern,
the moss and peat-mould of your glen, your meadow grass,
the rich bright field and corn-yard of the saints.

The nettles multiply beside your rain-washed stones,
showering their autumn seeds over the slabs;
where once upstanding lads joined in the song,
the never-bending iris now grows tall.

The grunting sheep have drowned the chanted psalms
long since; the fiddle's still, broken its bow;
the *Brown Mare's* fodder eaten by the winds,
and Murchadh Mòr* a cypher in his kist.

The orchard starved, the green field fallow now,
a re-created desert in God's place,
you were the seagull's land when time began,
and still the seagull hangs from its own wings.

---

* Murchadh Mòr, or Murdoch Mackenzie, seventeenth century Factor to the Earl of Seaforth in Lewis, chief of the Mackenzies of Achilty, and poet, lived on St Columba's Isle. He composed a poem entitled *An Làir Dhonn*, "The Brown Mare." He thinks of his own boat as a mare that needs no feeding other than the thudding of the waves against her prow.

MU CHRÌOCHAN HÒIL

A' ghrian a' drùdhadh air na ballachan,
is sinne staigh le fadachd gus an cluinn
sinn sgal na feadaige a bheir gu ceann
là fad an leughaidh is a' chunntaidh,
's gun teid sinn shireadh nead a-muigh sa' bhlàr;

Gun nì eadarainn 's adhar ach ceòl eun
is oiteag mara giùlain fàileadh fhlùr—
is beag mo chuimhne 'n diugh air brìgh an sgeòil
a leugh sinn ann a sin, ged a tha dealbh
nan suidheachan gun lias air roimh mo shùil,
gach ainm bha snaidht' orr'.
Ach thig gu mo chuimhn
gach tom is dìg 's poll-mònach air a' bhlàr,
gach balla is gach clach,
is saoilidh mi air uair nach b' e mo cheàrd
bhith leughadh leabhraichean 's a' sgrìobadh pheann
ach a bhith beò a-mhàin air biadh mo shùl.

As aonais sùgh an taiseachaidh bha sin
bha 'n diugh mo chrìdh air crìonadh, 's cha bu lèir
dhomh, air taobh thall nan duilleag, madainn mhoch
a' sgaoileadh brat na fionnarachd roimh 'n là,
's an iarmailt fhuar ga failceadh leis a' chuan;
na craobhan mar nach buineadh iad don ghaoith,
's am feur a' dol an ceann a obair-là
gun ghuth air freumhaichean. Bha grinneal geal an ròid
leug-laist an sùil a' bhalaich bhig air chiallaidh,
's am mol aig ceann an taighe cruaidh is glan
le sladradh mharannan o chuan nan cian.

Air madainn Earraich bhiodh a' chaora throm
a' sgaoileadh blàths a bodhaig air an fhonn,
an sneachd a' teicheadh bhuaipe, mar le iochd
don chreutair mheirbh bha gluasad staigh 'na brù,
bodaich is balaich bheaga air a tòir,
sgealbadh bhuntàt 's a' cur nam mìr 'na beul;
am posta, 's blàth na gaoithe air a ghruaidh,
toirt bràighe air a' chnoc, 's ar sùil ri theachd;
na craobhan, air an lomnochd, nochdadh blàth

IN THE VICINITY OF HÒL
(Hòl is the name of a small hill just behind the
Bayble Schoolhouse, Lewis)

Sunlight drenching the walls,
inside we wait longingly to hear
the whistle's blast that will bring to a close
the long day of reading and counting,
allowing us to search for nests out on the moor;

With nothing between us and the sky but bird music
and a sea breeze carrying the scent of flowers—
I little remember now the content of the story
we read then, though the picture
of the seats is vivid before my eyes,
with the names carved on them.
But I recall
each mound and ditch and peat-bank on the moor,
each wall and stone,
and sometimes think I should have other craft
than reading books and scratching pens,
living instead on food that feeds the eye.

Without that moistening juice
my heart had withered by now,
I would not see, through the leaves, early morning
spreading a cloak of freshness in front of day,
and the cold air being washed by the sea;
the trees living independently of the wind,
and grass going about its business
with no word of roots. The road's white gravel
was jewel-lit in the eyes of the unbreakfasted boy,
and the shingle at the end of the house hard and clean
with the pounding of ancient seas.

On a Spring morning the pregnant sheep
diffused her body-warmth over the ground,
snow retreating from her, showing mercy
to the weakly creature that stirred in her womb,
old men and little boys looking for her,
slicing potatoes and feeding her the pieces;
the post, with weatherbeaten cheeks,
skirting the hill, as we watched for him;
the trees, bare as they were, showing the bloom

an t-snodhaich ann an lìomh nan geug;
am muir, le dath an luaisgein air a gruaidh,
no dath bu duirch na sin, mar gum biodh ciont
nam pronnaidhean 's nam bàthaidhean 'na sùil,
's na creagan liatha tarcaiseach le gàir
a' cur a neart gu neoni leis gach tonn;
na h-eich a' strì ri leathad, 's air an cùl
an treabhaiche, le fèithean cruaidhe teann,
's an fhaoileag, geal ri aghaidh ùir an fhuinn,
mar fhiosaiche an fhoghair bha ri teachd.

Air latha Samhraidh bhiodh ar saoghal cruinn,
gun ghuth air cur no buain, gun cheisd air dè
a dh' fhalbh no thigeadh; grian a' sruthadh soills
's na fòid ga sùghadh; cat ga bhlianadh fhèin
far am bu teotha 'chlach; na h-uain ri leum
gun eòlas air an t-sneachd; gaoth fhionnar mhìn
o Ghàrradh Eden trusadh cuimhne fhlùr—
O, fad 's gam mair an latha cha tig crìoch
air guirm' nan neòil is greadhnachas nan uair.

'S air feasgar Foghair bhiodh an speal gun sgìos
a' tional bàrr na blianna air a bil;
na balaich, a' cur sùil am fearachas,
gu dian a' ceangal sguab, 's an asbhuain ùr
ga saltairt fo am bròig, 's le dìcheall bhuan
a' deanamh adagan nach maireadh oidhch;
neo a' falach-fead a-measg nan cruachan coirc
le cridhe mear an anmoich, 's gaoth on chuan
slìobadh an sliasaid is an druim le gaoir;
mar dhath an lìonaidh tighinn air a' chuan
bha dath a' chrìonaidh tighinn air an fhraoch,
fàsach an abachaidh a' tional neart
a chuireadh e ri freumhan geala 'n fhàis;
socair na h-asaid air gach fonn is sliabh,
is gàir na mnatha-glùine air gach cnoc.
Eathar 'na siubhal air muir dorcha, trom,
muir m' eilein, muir mo bhaile, raon an èisg,
'g iarraidh a thadhal is a threabhadh fòs;
fir-chlis na mara, 'n caile-bianan grad,
lasadh mar mhire ann an sùilean òigh'.

Air oidhche Gheamhraidh leigt' an ceòl ma sgaoil:
bhiodh faram air an drochaid, danns gu dian

of sap in the glisten of their twigs;
the sea, a restless colour on its face,
or a darker hue than that, the guilt
of maulings and of drownings in its eye,
and the grey haughty rocks, laughingly
turning its strength to nothing, with each wave;
horses straining against the brae, behind them
the ploughman, with hard taut sinews,
and the seagull, white against the black soil,
prophesying the coming autumn.

On a Summer day our world was whole,
no thought of sowing, reaping, nor query
of what was gone or was to come; sun shedding light
and turf soaking it in; a cat basking
on the hottest stone; lambs leaping
with no knowledge of snow; a soft fresh breeze
from Eden gathering memories of flowers—
O long as the day is there is no end
to blue skies and hours of joy.

In the Autumn evening the tireless scythe
gathered the year's produce on its blade;
boys, eager to show their manliness,
busily tying sheaves, the fresh stubble
being trampled underfoot, earnestly
making stooks that would not last a night;
or playing hide-and-seek among the stacks
with hearts gay in the twilight, wind from the sea
stroking their thighs and backs, raising gooseflesh;
like colour of filling tide upon the sea
the colour of withering spread on the heather,
wilderness of ripening gathering strength
to put to the white roots of growth;
relief of childbirth in each field and slope,
cry of the midwife on every hill.
A boat coursing on dark heavy seas,
my island's, my village's, the fish field
that needs to be visited and ploughed;
the sea's northern lights, sudden phosphor gleam,
glowing like merriment in a maiden's eyes.

On Winter nights music would be unleashed:
a hubbub on the bridge, eager dancing

ri ceòl *melodeon*, eubh is gàir mu seach
is sgiamhail nìonag; bainnsean 's ruith-na-h-oidhch.
Tha leus na gealaich fhathast 'na mo shùil,
is fead na gaoithe daonnan ri mo chluais,
is ionndrain ga mo bhuaireadh air gach stràid
air geamhradh 's caplaid bheò a' chinne-daonn.
Ri àm an reothaidh cha robh fois no sgìos
air lorg na deighe, 's nuair a thigeadh sneachd
bha 'n saoghal ùr, is dh' fheumaist dhol air fheadh.
Bu mhath an làmp' bhith laist sa' mhadainn mhoich,
nar suidhe aig tràth-bracaist, is bu mhath
solais a' bhaile deàrrsadh air a' chnoc,
is lanntairean gan lasadh air an oidhch
aig àm na bleoghainn. Is bu mhath an t-àm
san tigeadh sìneadh air an fheasgar fhann,
's ar sùil ri tuilleadh cleasachd air a' bhlàr.
Bha 'm fonn 'na laighe rùisgte fo ar sùil,
gach lagan 's leathad coisrigte don àm
a dh'fhalbh 's don àm a thigeadh,
lom, mar chaidh a chruthachadh air tùs,
is lom, mar chìteadh e air là na h-as-eirigh,
gun chòmhdach ach a' chuimhne, caoin le caoin
an eòlais ged bha choslas aognaidh fuar.
Nuair thigeadh srannraich gaoithe thar a' chnuic
dh' fhàsadh an talamh cruaidh 's an cridhe mear,
's rachadh an t-anmoch mar am peilear teann
san fheòil a dh' altruim fàs is searg nan ràith.

Bha bhlianna aig a ceann, 's bha 'n ath-tè ùr;
ùr mar a naoidhean dh' fhosglas sùil, 's nach fhaic,
solas a' strì ri duirche ghlaist na gèig,
is neart am broinn na gucaig sgaoileadh bhann;
cnead aig an fhiacail briseadh troimh an fheòil,
faochadh a' chadail, eubh sa' mheadhon-oidhch:
na ballachan a' dlùthadh, cuan a' leum
air fear a chaill a ghrèim air stalla—
's an sin, na h-eòin a' ceilearadh san adhar ghorm,
's an coileach gairm air tom, le òrdugh teann
ag iarraidh biadh na maidne dh' a chuid chearc.
Bha 'n oidhche aig a ceann, 's bha 'n latha ùr.

Chaidh Earrach 's Samhradh 'nan aon latha buan,
Foghar is Geamhradh suainte san aon oidhch;

to melodeon music, call and laugh in turn
and girls squealing; weddings and night-courtship.
The moon's light stays in my eye still,
the wind's whistle always at my ear,
and on each street I miss humanity's
winter and living bustle.
In freezing weather one never tired
seeking out ice, and when the snow came
the world was new and must be visited.
A lamp lit in early morning was good,
as we sat at breakfast, it was fine
to see the village lights shining on the hill,
and lanterns lit in the evening
at milking time. And we enjoyed
when the wan evening began to grow lighter,
expectant of longer play out in the open.
The land lay bared under our eyes,
each brae and hollow consecrated
both to past and future,
bare as it had been first of all created,
and bare as it would be at the resurrection,
clothed only in the memory, ripe
with knowing's ripeness though it looked cold and forbidding.
When a noisy gust of wind came over the hill
the ground grew hard and the heart merry,
and dusk went like a forceful bullet
into the flesh the seasons' growth and decay had nourished.

The year was at an end, the next one new;
new like a baby opening unseeing eyes,
light striving with the locked murk of the branch,
strength in the bud throwing off bonds;
the tooth's throb breaking through the gum,
sleep's respite, a cry in the night:
walls closing in, sea leaping
at one who had lost his hold on the cliff—
and then, birds singing in a blue sky,
the cock crowing on a mound, a firm order
for morning food to be brought to his hens.
The night was at an end, the day was new.

Spring and Summer became an everlasting day,
Autumn and Winter wrapped in the same night;

na bliannachan air tàthadh: 's gann gu lorgadh sgeilb
na clachan eadar-dhealaichte fon aol,
no obair mheanbh a' chlachair air a' chrìdh,
's e togail bhallachan—tha 'm balach staigh 'nam broinn
's a' ghrian neo-thruasail, gheal a' drùdhadh orr'.

AN RATHAD

'Se rathad geal a bha ruighinn na mara
ri mo chiad chuimhne,
is a' chairt ga thachais,
a' chairt ga phronnadh 's a' chairt ga ghearradh,
's tha fàileadh nan each thar na fichead bliann' ud
trom air mo chuinnlean,
gach fallas is eile,
is dealbh 'nam inntinn
air cairt làn todhair is balach 'na shuidh' innt,
is leanaidh fàileadh an todhair is fàileadh an fhallais a chaoidh mi.

Is chì mi mhòinteach air traoghadh,
mar nach fhaic fear-tadhail
a chì dà throigh de riasg sgaoilte 'na mhòine
ri oir an rothaid—
an rathad dubh a bha geal an uair sin.
A' mhòinteach air seacadh 's a' mhòine air a losgadh,
's an rathad ag èirigh suas fo bheum an tairsgeir.

Is minig a riamh a chunna mi crodh air taod air,
cailleach ga slaodadh 's bò le cabhaig dàir oirr',
ceum socair ciùin a' tilleadh am beul na h-oidhche,
is chunna mi laoigh gu tric a' falbh gu Dròbh air.

Ceum Sàbaid is sadadh ruidhle
a' pronnadh morghan mìn nan iomadh blianna
gus nach criathraich
mi a dhubh bho a gheal,
's nach lèir dhomh air mòinteach m' òige
ach strianag fallais a' brùchdadh bho chneas m' eòlais.

the years coalesced: a chisel could hardly find
the separate stones under the lime,
nor the mason's intricate work on the heart,
as he built walls—the boy within them
and the white unpitying sun soaking them.

THE ROAD

A light-coloured road stretched down to the shore
when I first remember,
cart-wheels rubbing it,
carts pounding it, carts cutting it,
and the smell of horses, over these twenty years,
is still thick in my nostrils,
with sweat and all that,
and a picture in my mind
of a cart full of dung with a boy sitting in it,
and I shall never forget that smell of dung and sweat.

And I see the moor diminished,
as a visitor does not notice
who sees two feet's depth of fibre spread out as peat
by the side of the road—
the black road that was white then.
The bog contracted and the peat burnt,
and the road rising up under the stroke of the peat-knife.

Often in the past I saw cows on a rope on it,
an old woman dragged along by a cow anxious for the bull,
quiet easy steps returning at nightfall,
and often I saw calves on it going to the Fair.

Sunday pacing and a reel's throw
pounding the fine gravel of many years
so that I cannot sieve
its black from its white,
and can see on the moorland of my youth
only a streak of sweat oozing from the skin of my knowing.

RATHAD AN RUBHA

Oir an rothaid 's am muir fhathast ga shluaisreadh,
is cuimhne nan gealaichean geamhraidh fhathast gam stiùireadh,
cò theireadh nach leanadh mo chas gach ceum gu còmhnard?
Leathad na Fideach geal le canach an t-samhraidh,
is machair a' Bhràighe còmhdaicht le fàileadh nam flùr,
is an cladh mar a bhà. Gach camadh is lùb
deargt air mo chuimhne, mar nach do dh' ionnsaich
mi slighe ach sin ann am fichead blianna,
is mar nach do lìon mi
claigeann le criomagan foghluim, oir ri oir.

Bu dìreach cùrsa nan ròidean Ròmanach aig tùs ar n-eachdraidh,
is ruigidh mi 'n diugh, air sgàth m' fhoghluim,
's air sgàth m' aoise, 's air sgàth mìle bacadh
a thuigeas 's nach tuig mi,
ceann-crìoch nan ròidean fada, mùchte cian sin
nas luaithe na lorgas mi ceann nan seachd mìle
air a bheil Leathad na Fideach is am Bràighe, is an cuan a' sluaisreadh

RAOINTEAN EILE

Aig ceann na stràid seo, air nach lean mo smuain
aon nì gu riaghailteach le clisgeadh grad
mo chluais 's mo shùl is anshocair mo chrìdh,
chì mi na raointean eòrna fo làn dhèis,
is buailidh air mo chuinnlean fàileadh tais
nam buailtean foghair 'na mo dhùthaich fhìn,

An uair nach fhaiceadh sùil os cionn nan dias,
is ròidean glaiste uaine ruith gun chrìoch
a mheadhon gorm na tìre. Bha fasgadh ann a sin
bho ghaoith fhuair an anmoich, no bho theas
na grèin am bruthainneachd an là.

Bu ghreannach suathadh na bàrr-dhèis ri m' làimh—
an seo cha laigh mo làmh air nì san t-sràid
ach rèile mhìn; agus os cionn
nan taighean àrda, troimh 'm bheil gaoth
a' sèideadh, 's teas a' breothadh bras,
chì mi, le sùil nach las orm, saoghal cruinn
a' dol 'na chnò, 's a' tuiteam chun an làir.

THE POINT ROAD

The edge of the road with the sea washing it still,
and memory of winter moons still guiding me,
who would say that my feet would not pace each step precisely?
Sea-flats Brae white with summer bog-cotton,
and the Bràighe plain clothed in incense of flowers,
the burial-ground there still. Each twist and turn
stamped on my memory, as though I had learnt
no other road but that in twenty years,
and as though I had not filled
my head full of fragments of learning, chock-a-bloc.

Straight the course of the Roman roads at the start of our history,
and now I can reach, because of my studies,
because of my age, because of a thousand obstacles
that I do not always understand,
the end of these ancient roads, long and obliterated,
more easily than I can find the end of the seven miles
on which are Sea-flats Brae and the Bràighe, and the sea surging.

OTHER FIELDS

At the end of this street, in which my thoughts follow
no orderly course, because of the sudden start
of ear and eye, and my heart's restlessness,
I see the fields of barley, heavy-eared,
and on my nostrils strikes the rain-washed scent
of autumn acres in my own country.

When I could not see over the ears of barley,
and when green enclosed roads ran without end
to the green heart of the land. There was shelter there
from the cold wind of the dusk, or from the heat
of the sun in the sweltering day.

Rough the stroking of the bearded ears on my hand—
here my hand falls on nothing in the street
but a smooth rail; and above
the tall houses, through which the wind
blows, and heat rots swiftly,
I see, with a lustreless eye, the whole round world
becoming a nut, and falling to the ground.

AIG AN UINNEIG

"'S thug an dorchadas dhìom-sa Mùirneag"

Ged nach fhaod mi cianalas
a chur ann an ionad beatha,
is stiallagan de sheann bhruadairean
a chàradh ri uinneig mo thaighe
mar nach biodh saoghal ùr ann,
's a' ghrian a' deàlradh air aodann leanaibh—
gidheadh, tha meadhon na Màigh seo
a' toirt 'nam chuimhne làithean eile,

Mun do thuit a' bhrat, mun do shrac
mi 'n cùmhnant, mun do mhùch
mi 'n t-iarrtas, mun do dh' fhàg
mi beàrn a dh' fhàg beàrn,
mun do sheòl mi air a' *Mhetagàma* bheag
fhurasd ud, gun smuain air Mùirneig,
gun dùil ri ciùrradh, gun dòigh
air tilleadh a-rithist. Gun dòigh.

Teann 's ga bheil an uinneag sin dùinte
thig boladh a-steach oirr' gu cùbhraidh geur:
feur is fallas, is cùbhraidheachd fuilt,
is fàileadh cruaidh iodhan an neòinein
sa' mhadainn, mun dainig an call oirnn,
mun dainig a' bhrat eadarainn,
mun deach an sàl 'na mo shùilean,
mun do dhùin mi 'n aisling.

'S cha tug an dorchadas dhìom fhathast
leus a' chian òir sin, is guirme
na h-òg bhlianna a bh' againn,
is bàinead a' chanaich iodhain
mun do mheirg an t-sian e,
is deirge beul na h-oidhche
mun do dhubh na cuislean,
mun do shàmhaich guth an aoibhneis.

AT THE WINDOW

"We firmly closed every window there was and darkness took Muirneag* from my sight."

Though I may not put longing in place of living, nor arrange shreds of old dreams against the windows of my house, as though there were no new world to reckon with, nor the sun shining on a child's face—still, this time of mid-May brings other days to my mind,

Before the curtain fell, before I tore up the agreement, smothered the desire, left an empty place that has made an empty place within me, before I set sail in that small, easy *Metagama*,† with no thought of Muirneag, no expectation of hurting, nor way of returning again. Without hope.

Tightly although that window is closed, the scent comes in fragrant and sharp: grass and sweat, and the fragrance of hair, and the hard pure scent of the daisy, in the morning, before destruction overtook us, before the veil came between us, before the brine got in my eyes, before I closed the dream.

And darkness has not taken away from me yet the light of that far gold, and the greenness of the young year that we had, and the whiteness of the pure cotton-grass, before the wind and rain rusted it, and the redness of approaching night before the arteries blackened, before the voice of exultation became still.

---

* *Muirneag:* a lovely hill in the north of Lewis and a favourite sailors' landmark.
† The *Metagama:* the most famous of the emigrant ships which left Lewis in the early 1920s.

RANNAN AIR AN SGRIOBHADH AS DÈIDH AN ATH CHOGAIDH

Air eagal nach tig an t-iarrtas
aig àm a fhreagras don ghnìomhadh,
's air eagal nach tig na facail
ged chumainn lìon gus an glacadh,
's air eagal nach còmhdaich ceòl
briathran biorach mo bheòil,
dh' iarrainn a-nochd, gun mhòrchuis,
do chliù a sheinn, Eilein Leòdhais.

Chan e cliù dol fodha na grèin
anns an iar, 's i ri soillseadh mar chèir,
no cliù do bheanntan 's iad laiste
le lì an fhraoich air gach aisridh,
oir tha fiamh orm roimh dheireadh an là
thighinn air eilean ciar-dhearg mo ghràidh,
's gum bi Mùirneag 'na tom air an uaigh
a chladhaich ar rìoghachd do m' shluagh.

Chan e cliù do dhaoin tha 'nan laighe
air clachan lìomhte an aigeil,
no cliù do laochraidh a mharbhadh
air raointean coimheach nan armailt,
no cliù an fheadhainn a spadadh
gu bàs á soithichean-adhair,
a' gleidheadh onair na rìoghachd
nach tug air am beatha—fìoguis.

'S e cliù do bheatha a sheinninn,
eilein bhig riabhaich, O eilein
a thoinn do fhraoch mu mo theanga,
's a shaill le do shiaban m' anail,
is dh' iarrainn a seinn an Gàidhlig
ach am faic na thig is na thàinig
nach do mharbhadh uile gu lèir sinn
a dh' aindeoin Airm agus Nèibhi.

VERSES WRITTEN AFTER THE NEXT WAR

For fear that the wish is not there
at a time when the deed can be done,
and for fear that words will fail me
though I hold out a net to catch them,
and for fear no cloak of music
will cover my bitter words,
I wish, in humility, tonight,
to sing your praises, Lewis.

Not praise of the sun setting
in the west, in a waxen blaze,
nor praise of your mountains, alight
with heather's bloom on each ridge,
for I fear the end of the road
for my dear dark-purple island,
with Mùirneag the mound on the grave
our kingdom has dug for my people.

Not praise for your people lying
on the sea-bed's polished boulders,
nor praise for your heroes killed
on armies' foreign fields,
nor praise for those who were spatchcocked
to death from fighters and bombers,
keeping the country's honour
that gave not a fig for their lives.

It's your living praise I would sing,
brown little island, O island
that wound your heath round my tongue
and salted my breath with your brine,
and I want to sing it in Gaelic
so that people now and later
can see we were not killed entirely
in spite of the Army and Navy.

TROIMH UINNEIG A' CHITHE

Nuair tha 'n sneachda mìn seo a' tuiteam,
a' streap gu sàmhach ris na h-uinneagan,
a' mirean air sruthan na h-iarmailt,
ga chàrnadh fhèin ri gàrraidhean
'na chithean sàr-mhaiseach,
is mo mhac 'na leum le aoibhneas,
chì mi 'na shùilean-san greadhnachas gach geamhradh
a thainig a riamh air mo dhaoine:
faileas an t-sneachda an sùilean m' athar,
's mo sheanair 'na bhalach a' ribeadh dhìdeigean.

Is chì mi troimh uinneig a' chithe seo,
's anns an sgàthan tha mire ris,
am bealach tha bearradh nan linntean
eadar mise, 's mi falbh nan sgàirneach,
agus mo shinnsrean, a-muigh air àirigh,
a' buachailleachd chruidh-bainne 's ag òl a' bhlàthaich.
Chì mi faileas an taighean 's am buailtean
air fàire an uaigneis,
's tha siud mar phàirt de mo dhualchas.

Iadsan a' fàgail staid a' bhalaich,
's a' strì ri fearann, 's a' treabhadh na mara
le neart an guaillibh,
's ag adhradh, air uairibh;
is mise caitheamh an spionnaidh, ach ainneamh,
a' treabhadh ann an gainneamh.

NA CAILLEACHAN

Crùbte an seo fon an t-sian,
's air chùl nam balla tha cumail na gaoithe air ais,
òirlich de thìm bho na sparran,
tha iad 'nan suidhe, ri còmhradh
air crodh 's air daoine,
's ri cur fàd air an teine,
's an sileadh 'na ghlaodh dubh a' dlùthadh.

'Se foghar fiadhaich a rinn i
's tha 'n coirc 'na laighe;
cha dainig iasg an diugh, nì ach an sgadan,

WHEN THIS FINE SNOW IS FALLING

When this fine snow is falling,
climbing quietly to the windows,
dancing on air-currents,
piling itself up against walls
in lovely drifts,
while my son leaps with joy,
I see in his eyes the elation
that every winter brought to my people:
the reflection of snow in my father's eyes,
and my grandfather as a boy snaring starlings.

And I see, through the window of this snowdrift,
and in the glass that dancingly reflects it,
the hill-pass cutting through the generations
that lie between me, on the scree,
and my ancestors, out on the shieling,
herding milk-cows and drinking buttermilk.
I see their houses and fields reflected
on the lonely horizon,
and that is part of my heritage.

When their boyhood came to an end
they strove with the land, and ploughed the sea
with the strength of their shoulders,
and worshipped, sometimes;
I spend their strength, for the most part,
ploughing in the sand.

THE OLD WOMEN

Hunched here under the storm,
behind the walls that keep back the wind,
inches of time from the rafters,
they sit, talking
about cows and people,
and putting a peat on the fire,
while the molten soot's black gum comes closer.

It's been a wild autumn,
and the corn is lying;
no white-fish came to-day, nothing but herring,

sgadan saillte 's buntàt', buntàt' is sgadan;
chan eil nì ri dhèanamh ach fàd a chur mun an teine
is bruidhinn air crodh 's air daoine.

'S tha 'n sileadh 'na ghlaodh dubh a' dlùthadh
a-nuas bho na sparran,
a-nuas bhon an tughadh,
is feumar as t-Earrach an tughadh a sgaoileadh 'na thodhar
air an talamh-buntàta,
's cha dainig iasg an diugh, nì ach buntàt' is sgadan.

Dad ach a' bruidhinn air crodh 's air daoine
's a' cur fàd mun an teine—
O shaoghail, is goirid do chuairt, 's is lom an cridhe,
is tana an sgàile, is dlùth oirnn nimh an fhuaraidh.

NA FIR BHRÈIGE

Feur gorm a' fàs far na thogadh na Fir Bhrèige,
feur diombuain gorm bheir blianna gu bhith bàn
a' streap nan Tursachan, ag iadhadh
raon an dubh-fhacail, 's ag iarraidh bàs.

Mas e seo teampall, no cathair-eaglais,
bu chruaidh an cràbhadh a thàrmaich ann,
tha a' Chrois tha seo gun truas innt,
an Slànaighear gun deòir, an Dia gun tròcair,
mura b' e gu bheil am feur gorm a' fàs ann,
's a' sìoladh, 's a' seacadh, 's a' faighinn bàs.

Mura biodh ann ach na stoban cloiche sin
nach do mhùch an riasg, 's nach do leag a' ghaoth,
chanadh tu gun do chruthaich na daoine a thog iad
an aon shìorraidheachd ris an robh an dùil,
is gu bheil i an sin 'na dubh-fhacal,
mar gach sìorraidheachd eile,
an eanchainn diombuain an t-saoghail.

Is tha 'n t-sìorraidheachd tha sin caillte,
mùchte mar tha 'n t-ainm a bh' aca air na clachan
mus tug sinne, na Gaidheil, tursachan orra
le iasad o chainnt dhaoin eile:
cha mhair facal ach sealad.

salt herring and potatoes, potatoes and herring;
there is nothing to do but put a peat on the fire
and talk about cows and people.

And the molten soot's black gum comes closer,
down from the rafter,
down from the thatch,
and in Spring the thatch must be spread as manure
on the potato patch,
and no white-fish came to-day, only potatoes and herring.

Nothing but talking of cows and people,
and putting a peat on the fire—
O life, short is your course, bare is the heart,
frail is the shelter, close to us is the venom of the cold wind.

THE LYING ONES
(The Standing Stones of Callanish)

Green grass growing where the Standing Stones were raised,
green, short-lived grass the year will turn to grey
climbing the Giant Stones, engulfing
the field of the conundrum, seeking death.

If this be a temple, or a cathedral,
it was a stern piety that was nurtured here:
this Cross is without pity,
this Redeemer has no tears, this God no mercy,
were it not that the green grass grows here,
seeding, and withering and dying.

Were there nothing but these pillars of stone
that the peat-mould has not smothered, nor the wind felled,
one might say that their builders had created
the only eternity they hoped for,
and that it stands there, a conundrum,
like every other eternity,
in the short-lived brain of the world.

And that eternity is lost,
smothered like the name they had for the Stones
before we, the Gaels, called them *Tursachan*,*
borrowing a name from another tongue:
a word only lasts for a while.

Mura b' e am feur a tha fàs gorm ann
thuigeadh tu 'n diadhachd seo,
ged nach eil gràs ga riaghladh leath';
leughadh tu na stoban
a sgrìobh an seann Mhaois seo air a' chnocan
le solas o a dhia fhèin, an ciaradh
a sheann shaoghail,
ach on a tha am feur gorm a' fàs ann
cha leugh thu gu bràth iad.

CLANN-NIGHEAN AN SGADAIN

An gàire mar chraiteachan salainn
ga fhroiseadh bho 'm beul,
an sàl 's am picil air an teanga,
's na miaran cruinne, goirid a dheanadh giullachd,
no a thogadh leanabh gu socair, cuimir,
seasgair, fallain,
gun mhearachd,
's na sùilean cho domhainn ri fèath.

B'e bun-os-cionn na h-eachdraidh a dh' fhàg iad
'nan tràillean aig ciùrairean cutach,
thall 's a-bhos air Galldachd 's an Sasainn.
Bu shaillte an duais a thàrr iad
ás na mìltean bharaillean ud,
gaoth na mara geur air an craiceann,
is eallach a' bhochdainn 'nan ciste,
is mara b'e an gàire
shaoileadh tu gu robh an teud briste.

Ach bha craiteachan uaille air an cridhe,
ga chumail fallain,
is bheireadh cutag an teanga
slisinn á fanaid nan Gall—
agus bha obair rompa fhathast
nuair gheibheadh iad dhachaigh,
ged nach biodh maoin ac':
air oidhche robach gheamhraidh,
ma bha siud an dàn dhaibh,
dheanadh iad daoine.

Were it not for the grass that grows green here
you could understand this divinity,
though it dispenses no grace;
you might read these pillars
that this old Moses wrote on the hillock
with light from his own god, in the twilight
of his ancient world,
but since the green grass grows here
you shall not read them till Doomsday.

Tursachan: a word of Norse origin, meaning "giants."

THE HERRING GIRLS

Their laughter like a sprinkling of salt
showered from their lips,
brine and pickle on their tongues,
and the stubby short fingers that could handle fish,
or lift a child gently, neatly,
safely, wholesomely,
unerringly,
and the eyes that were as deep as a calm.

The topsy-turvy of history had made them
slaves to short-arsed curers,
here and there in the Lowlands, in England.
Salt the reward they won
from those thousands of barrels,
the sea-wind sharp on their skins,
and the burden of poverty in their kists,
and were it not for their laughter
you might think the harp-string was broken.

But there was a sprinkling of pride on their hearts,
keeping them sound,
and their tongues' gutting-knife
would tear a strip from the Lowlanders' mockery—
and there was work awaiting them
when they got home,
though they had no wealth:
on a wild winter's night,
if that were their lot,
they would make men.

NUAIR A THILL MI GU T'UAIGH

"Tha sinn a' bàsachadh gach latha: a' cur cloich air a' chàrn seo no
air a' chàrn ud eile, a' càradh fhlùran air uaigh anns a bheil pàirt
dhinn fhìn 'na laighe, agus an ceann sreath thig an dìochuimhne, agus
cha ruig sinn an uaigh."

Nuair a thill mi gu t'uaigh
gu tairiseach, tlàth,
cha bu chuimhne leam t'fhiamh.

Bha ceò air mo shùil;
dh'fhalbh seachd is seachd blianna
le craiceann nan làmh
a dh' aithnicheadh do chneas;
bhuail na tuinn air mo chlaistneachd;
bha m' iarrtas is m' ùidh
bàthte fo shùgh liath-uaine, fo chlàr
sgìth mo bheatha.

Rinn fàileadh nan sìthean tais a' chiad bheàrn
air an sgàile sin 's i seachd-fillte.

Troimh fhilleadh na Sàbaid
chuimhnich mi air do chràbhadh;
troimh fhilleadh Luain
dh' fhairich mi tarraing a' chuain;
troimh fhilleadh Mhàirt
dh' èirich do chruadal an àird;
troimh fhilleadh Chiadain
chunnaic mi thu air chiallaidh;
am filleadh Dhirdaoin
bha do bhanais 's do mhaoin;
fo fhilleadh na h-Aoine
bha 'phìob is na h-òrain fhaoine;
troimh fhilleadh na Sathairn
dh' aithnich mi nach biodh rath oirnn.

Is bha thu agam—
brèagh, bòidheach, beothant,
milis, mòdhar,
cho diombuain ri flùr,
O shaoghail a bh' ann.

WHEN, TENDER AND MILD

(Translated by Iain Crichton Smith)

When, tender and mild,
I came to your grave,
I could not remember
your frown or your smile.

There were tears in my eyes:
for seven and seven years
had taken the skin
from the hand that once knew
the skin of your flesh.
Waves beat in my ears:
my love and desire
were buried beneath
the grey-green ooze,
the Minch of my life.

The scent of the flowers
made the first light
in that seven-fold shade.

Through the fold of the Sunday
I knew your devotion;
through the fold of the Monday
the ocean was calling;
through the fold of the Tuesday
your courage arose;
through the fold of the Wednesday
I saw you at fasting;
through the fold of the Thursday
was your gear and your marriage;
through the fold of the Friday
was the piping and singing;
in Saturday's fold
our ill-luck was told.

And I held you then—
lively and lovely,
sweetly and gently—
O transient flower,
O world that is gone.

The references to the days of the week make only partial sense in translation. In Gaelic, Tuesday is Mars' Day; Wednesday the Day of the First Fast; Thursday in Lewis was the traditional day for marrying.

Gaidhealtachd na h-Albann

A' GHAIDHEALTACHD

Nuair a bhios an taigh fàs,
a' chagailt tais 's an tughadh a' dol air ais
'na thalamh, 's na leapannan a' breothadh,
na plaideachan 's na h-aodaichean a' lobhadh,
creididh sinn an uair sin gun d' fhuair an teaghlach bàs.

Ged a bhiodh clann
an ath dhorais aig mullach an sonais
a' cluiche le pristealan 's a' leum air na cathraichean
a chùm taca uair ri cuideachd an athraichean,
faodaidh sinn a ràdh le fìrinn nach eil beatha ann.

Bidh mi fo sprochd
a' faicinn a-nis uiread de cheanglaichean ris,
ag ionndrain an teine a b' aoidheile lasraichean;
's i a' ghealach a tha a' deanamh soillse troimh asnaichean
an taighe Ghall-Ghaidhealaich seo a-nochd.

CAINNT NAN OGHAICHEAN

Nuair a thig am feasgar cuiridh sibh làmh anns a' phutan,
is their sibh gun d' fhuair sibh solas,
buidheachas do Dhia is do Chalum MacMhaoilein.
Is dòcha gum bi sgeul eile aig na h-oghaichean
nuair a bhios iad 'nan cailleachan 's 'nam bodaich:
iad ag èisdeachd an oghaichean fhèin, na coigrich bheaga,
a chaill cainnt am màthar, is beus an daoine,
's ag ràdh, gach aon 'na aonar,
"Chuir sinne an solas ás."

The Scottish Highlands

THE HIGHLANDS

When the house is deserted,
the hearth moist and the thatch reverting
to earth, the beds rotting,
the blankets and covers decaying,
we will believe then that the family is dead.

Though the next-door children
were enjoying themselves to the full
playing with sherds, and jumping on the chairs
that supported once their forebears' friends,
we may say truthfully there is no life there.

I am depressed,
seeing now so many rafters bared,
missing the fire with its welcoming flames;
the moon sheds light through the ribs
of this Highland-Lowland house tonight.

GRANDCHILDREN'S TALK

When evening comes you will press the switch,
and say that the light has come,
thanks to God and to Malcolm Macmillan.
Perhaps the grandchildren will think otherwise
when they are old men and women:
listening to their own grandchildren, the little strangers,
who have lost their mother tongue, and their people's virtues,
and saying, each one alone,
"We put out the light."

GEODHA AIR CHÙL NA GRÈINE

Tha fèath air a' bhàgh a-nochd, 's an sruth dol thar na maoile
cobhar air a' chreig bhàite, is falpanaich air stalla,
gàir aig an tonn tha fad ás, is siubhal dian aig na cuantan,
ach tha 'n cuan tha seo 'na thàmh gun bhàt' aig cala.

Far na chladhaich e linne rèidh le an-shocair nan làithean,
geodha air chùl na grèine, 's a mhol gun ghrùid,
far an rachadh bliannachan geal na gealaich seachad siar air,
air chuthach, gun iaradh, a' sireadh ceann-uidhe gun ùidh.

Thrèig am bradan an cuan ann an linn a' bhàigh chiùin seo,
a' lorg na h-aibhne òig ud, 's nan gluaiste clach
reubadh beithir airgeadach beò a' ghliocais 's an eòlais
uisgeachan balbha criostail nan sgarbh 's nan lach.

Tha leac an seo air an tràigh far am biodh na mnathan a' feitheamh
nan eathraichean beaga iasgaich nuair thigeadh sian;
is tric a bha ulaidh a' chridhe is ulaidh a' chuain ás an aonais,
is a gheibheadh iad blas dearg a' bhradain searbh air am beul.

Gu tric 'nan seasamh a' coimhead na mara far na chailleadh an cuid,
's 'nan suidh anns na taighean san d'fhuair an daoine bàs,
an do rinn iad bàgh air an rachadh an iargain 's an ciùrradh seachad,
's am fuiricheadh freumh an duilisg luraich an sàs.

Ach ged bheireadh miann an duilisg duine a thaobh car ùine,
tha 'm bradan lainnireach sìnt' fo shàmhchar dorch,
is ma bheir mi an sgobadh sin air an àit sam bi e
bidh maistreadh fairg ann, is cearcaill sìth 'na lorg.

SRATH NABHAIR

Anns an adhar dhubh-ghorm ud,
àirde na sìorraidheachd os ar cionn,
bha rionnag a' priobadh ruinn
's i freagairt mireadh an teine
ann an cabair taigh m' athar
a' bhlianna thugh sinn an taigh le bleideagan sneachda.

A GEO IN THE SUN'S SHELTER

There is peace in the bay to-night, and the tide swings past the headland;
foam on the hidden rock, wave-lapping at the cliff;
the distant wave cries, and the seas go coursing swiftly,
but this sea is at rest, with no boat at harbour.

Where it dug out a quiet pool with the un-ease of days past,
a geo in the sun's shelter, its pebbles unstained,
where the white years of the moon might pass beyond it,
lunátic, unresting, desirelessly seeking a haven.

The salmon left the sea when this quiet bay was made,
seeking the fresh river—if one moved a stone
the quicksilver lightning-flash of wisdom and knowledge
would tear the still crystal waters of the ducks and the scarts.

At a rock here on the shore the women awaited
the return of the small fishing-boats in storm;
often losing treasure of sea and treasure of bosom,
and feeling the red taste of the salmon salt on their lips.

Often standing watching the sea where their share was lost,
and sitting in houses where their kin had died,
did they make a bay that longing and hurting could by-pass,
where the root of the darling dulse could keep its hold?

Though desire for dulse might for a time entice one,
the shining salmon lies in dark repose,
and if I quickly thrust where he lies hidden,
the water, churned, will leave its rings of peace.

STRATHNAVER

In that blue-black sky,
as high above us as eternity,
a star was winking at us,
answering the leaping flames of fire
in the rafters of my father's house,
that year we thatched the house with snowflakes.

Agus siud a' bhlianna cuideachd
a shlaod iad a' chailleach don t-sitig,
a shealltainn cho eòlach 's a bha iad air an Fhìrinn,
oir bha nid aig eunlaith an adhair
(agus cròthan aig na caoraich)
ged nach robh àit aice-se anns an cuireadh i a ceann fòidhpe.

A Shrath Nabhair 's a Shrath Chill Donnain,
is beag an t-iongnadh ged a chinneadh am fraoch àlainn oirbh,
a' falach nan lotan a dh' fhàg Pàdraig Sellar 's a sheòrsa,
mar a chunnaic mi uair is uair boireannach cràbhaidh
a dh' fhiosraich dòrainn an t-saoghail-sa
is sìth Dhè 'na sùilean.

AM PRIONNSA TEÀRLACH

Bha a' Bhliann' ud dhut, an dèidh a h-uile dad,
mar thuras a bheireadh fear a cheann-a-tuath Ruisia,
'na òige, is cuimhne an fhuachd air aiteamh,
oir thug e greis air a shlighe dhachaigh
a-measg uaislean St Petersburg,
ri dannsa 's ri brìodal:
ged a dh' fhàg an deigh beàrn air do chridhe
b'e teas na Ròimhe a b' fheàrr leat.

ASNAICHEAN

Ann a Ròghadal na Hearadh,
ann am fearann a sinnsre,
tha corp prìseil Màiri
a' cnàmh gu cùbhraidh;
on Ob, an iar air,
troimh asnaichean Bodach an t-Siabainn,
chì thu Tìr nan Rocaid,
is fàileadh loit dhiubh.

And that too was the year
they hauled the old woman out on to the dung-heap,
to demonstrate how knowledgeable they were in Scripture,
for the birds of the air had nests
(and the sheep had folds)
though she had no place in which to lay down her head.

O Strathnaver and Strath of Kildonan,
it is little wonder that the heather should bloom on your slopes,
hiding the wounds that Patrick Sellar, and such as he, made,
just as time and time again I have seen a pious woman
who has suffered the sorrow of this world,
with the peace of God shining from her eyes.

PRINCE CHARLIE

That Year,* when all is said and done, was for you like a trip a man might make in his youth, to the north of Russia: the memory of the cold had thawed, for he spent some time, on the way home, among the nobles of St Petersburg, in dancing and dalliance; though the ice left its mark on your heart, it was the sultry heat of Rome you preferred.

* 1745-6 is known in Gaelic as *Blianna Theàrlaich,* "Charlie's Year."

RIBS

In Rodel in Harris,
in her people's land,
Mary's* precious body
decays fragrantly;
from Leverburgh, west of it,
through the ribs of the Soap Lord,†
you can see the Land of the Rockets
with their stench.

* Màiri Nighean Alasdair Ruaidh: Mary MacLeod, the 17th century poet.
† Lord Leverhulme, one of whose factories remained a ghostly presence in the 30s and later.

CRUAIDH?

Cuil-lodair, is Briseadh na h-Eaglaise,
is briseadh nan tacannan—
lamhachas-làidir dà thrian de ar comas;
'se seòltachd tha dhìth oirnn.
Nuair a theirgeas a' chruaidh air faobhar na speala
caith bhuat a' chlach-lìomhaidh;
chan eil agad ach iarann bog
mur eil de chruas nad innleachd na ni sgathadh.

Is caith bhuat briathran mìne
oir chan fhada bhios briathran agad;
tha Tuatha Dè Danann fon talamh,
tha Tìr nan Og anns an Fhraing,
's nuair a ruigeas tu Tìr a' Gheallaidh,
mura bi thu air t' aire,
coinnichidh Sasannach riut is plìon air,
a dh' innse dhut gun tug Dia, bràthair athar, còir dha anns an fhearann.

ANNS A' BHALBH MHADAINN

Anns a' bhalbh mhadainn bha clàr an fhuinn còmhnard,
bha a' ghaoth aig fois, a strannraich 's a sitheadh
bàthte fon ghilead, gach bleideag 'na tàmh,
càiricht san fhighe mhìn ud mar gheal phlaide.
Chaill sinn na caoraich bha muigh air mòintich
nuair thaom an stoirm ud a-nuas eallach,
is thug sinn a' mhadainn gan dian shireadh.

Thainig stoirm air mo dhùthaich,
sneachda mìn, marbhteach, mùchaidh:
ge geal e, na creid 'na ghilead,
na cuir t'earbs ann an anart;
dheanadh mo chridhe iollach
nam faicinn air a' chlàr bhàn sin ball buidhe
's gun tuiginn gu robh anail a' Ghaidheil a' tighinn am mullach.

STEEL?

Culloden, the Disruption,
and the breaking up of the tack-farms—
two thirds of our power is violence;
it is cunning we need.
When the tempered steel near the edge of the scythe-blade is worn
throw away the whetstone;
you have nothing left but soft iron
unless your intellect has a steel edge that will cut clean.

And throw away soft words,
for soon you will have no words left;
the *Tuatha Dè Danann** are underground,
the Land of the Ever-young is in France,
and when you reach the Promised Land,
unless you are on your toes,
a bland Englishman will meet you,
and say to you that God, his uncle, has given him a title to the land.

* *Tuatha Dè Dannan*, a supernatural race in Ireland, sometimes said
  to be the progenitors of the fairies.

SHEEP

In the still morning the surface of the land was flat,
the wind had died down, its rumbling and thrusting
drowned under the whiteness, each snowflake at rest,
set in its soft fabric like a white blanket.
We had lost the sheep that were out on the moor
when that storm unloaded its burden,
and we spent the morning desperately seeking them.

A storm came over my country,
of fine, deadly, smothering snow:
though it is white, do not believe in its whiteness,
do not set your trust in a shroud;
my heart would rejoice
were I to see on that white plain a yellow spot,
and understand that the breath of the Gael was coming to the surface.

Air Fàire

CHAIDH AN SAMHRADH THAIRIS

Chaidh an samhradh thairis:
dh' at is bhòc a' chuisle san duilleig
fo iomairt an t-snodhaich, mar nach biodh dùil
ri dad ach ri fàs, is sgaoil a' chraobh
'na ceò uaine de bharraich—bom sean-fhasanta
a' spreadhadh a duslaich mhìn don iarmailt—
ach fhrois an duilleach.

Tha samhradh mhic-an-duine a' ruighinn ìre
aig caochladh amannan:
chinn Babalon tràth, 's a' Ghrèig cuideachd;
thug an Fhraing na b' fhaide;
chaidh na Gaidheil a mhùchadh le borbalachd Shasainn
ach chinn blàth iongantach na bàrdachd sa' Bheurla;
is dòcha nach dainig dubh-shamhradh na Congo fhathast.

Dhaibhsan aig a bheil dòchas ri samhradh,
cha b' fhuilear dhaibh a bhith ruamhar 's a' biathadh
an gàrraidhean. Ach ma tha thu gun dòchas,
caith bhuat do spaid leanabail 's do bhucaid,
is iarr tròcair air cuideigin.

DO DHEORSA CAIMBEUL HAY

Nuair a bhuail an tosdachd thu
's a chaidh teine Bhisearta 'na smàl,
's fheudar gu robh turas fad' agad
a-measg na luatha teth ud, eadar na ballachan
's iad a' sìor choiseachd, air a' ghainmhich mhìn
's i sìor fhalbh bhuat, air a' chreig fhalamh.

Gus na ràinig thu leabhar-lann Oxford,
is millean duilleag agad ri leughadh
ann an deich blianna,
is na bliannachan a' fàs goirid.

On the Horizon

SUMMER PASSED

Summer passed:
the vein in the leaf expanded and swelled
with the rush of sap, as though there were no prospect
except of growth, and the tree spread
into a green mist of foliage—an old-fashioned bomb
exploding its fine dust in the atmosphere—
but the leaves fell.

Man's summer reaches its peak
at different times:
Babylon flourished early, as did Greece;
France took longer;
the Gaels were obliterated by English barbarity
but the marvellous growth came of English poetry;
perhaps the black-summer of the Congo hasn't come yet.

Those who have a hope of summer
had better be digging and feeding
their gardens. But if you have no hope,
throw away your childish spade and pail,
and ask someone for mercy.

FOR GEORGE CAMPBELL HAY
(Translated by Iain Crichton Smith)

When the silence struck you, and you were
folded in Bizerta's solid flame,
surely your journey was a long one—there
among these ashes, between walking walls,
over the shifting sand, on a bare rock.

Till you reached Oxford Library at last,
and a million pages still to read
in ten years,
and the years shortening—not much time to waste.

Chan eil fhios 'am a sàbhail Cinn-tìr thu,
oir ged a tha am feur gorm, gorm anns an lagan,
's a' ghainmheach fionnar le failceadh sàile,
tha na sailthean an sin a' breothadh cuideachd:
O Uiliseis, chan eil tilleadh an dàin dhut.

DÙN NAN GALL

Far a bheil a' Ghàidhlig sgrìobht air na creagan
an sin dh' fhan i,
is pàisdean luideagach ga caitheamh,
a stiallan sgaoilte air na rubhachan an iar,
os cionn na mara
far a bheil grian na h-Eireann a' dol sìos,
is grian Ameireagaidh ag èirigh le èigheachd 's caithream.

Cha bheathaich feur a' chànain seo,
chan fhàs i sultmhor an guirt no 'n iodhlainn;
fòghnaidh dhi beagan coirce 's eòrna,
cuirear grad fhuadachadh oirr' leis a' chruithneachd;
chan iarr i ach, cleas nan gobhar, a bhith sporghail
os cionn muir gorm, air na bideanan biorach.

Gus an tog a' chlann luideagach leoth' i
air bàta-smùid a Shasainn,
no a Ghlaschu, far a faigh i bàs,
an achlais a peathar—
Gàidhlig rìoghail na h-Albann 's na h-Eireann
'na h-ìobairt-rèite air altair beairteis.

BUDAPEST

Dùn chlosaichean ri oir nan stràid,
torrghan nan tanc, làmhach nan gunna mòr,
snaidheadh nam peileirean air balla mìn
a' sgrìobhadh eachdraidh shoilleir mar air clàr
no leac a dheasaich clachair—
tha aodann snaidht' a' chlachair nis fon chruaidh.

Nor may Kintyre itself save you,
though the grass is green, green in the hollow,
and the sand is bathed by the cool sea,
the rafters there also rotting—
O my Ulysses, return is not your fate.

DONEGAL

Where Gaelic is written on the rocks
there it has lived,
and ragged children use it;
its shreds are scattered on the western headlands,
above the sea,
where the sun of Ireland goes down
and the sun of America rises with exultant clamour.

Grass does not nourish this language,
it does not grow fat in fields or cornyards;
a little oats and barley suffices it,
wheat quickly frightens it away;
all it asks is to clamber, like the goats,
on sharp rocky pinnacles, above the blue sea,

Until the ragged children carry it away with them
on the steamer to England,
or to Glasgow, where it dies
in its sister's arms—
the royal language of Scotland and of Ireland
become a sacrifice of atonement on the altar of riches.

BUDAPEST

A heap of corpses at the roadway's edge,
rumble of tanks, the volley of huge guns,
carving of bullets on a smooth wall
writing history plain as on a plaque
or tablet sculptured by a mason—
now the carved face of the mason lies under the chisel.

Ballachan Bhudapest—bithidh 'n dealbh seo deargt'
air retina na saorsa iomadh linn,
ged 's goirid cuimhn' na colainn air a cràidh,
ged sgaoileas ceò brat-falaich thar nan lot,
ged chòmhdaicheas an duilleach iad ri tìm,
ged reodhas sneachda geal le 'thùirling mhìn
fàileadh na daonnachd air a' chabhsair lom.

CALL AN IONNRACAIS

Fraoch odhar seacte air an tulach lom
air dol 'na shiaman leis an ceanglar smuain
a' gheamhraidh ghuirm a sgap a' ghaoth;
tha 'n snodhach ás an fhòd
a' lorg na gucaig samhraidh air an tom,
is blàth caoin bruthainneach na grèin air bruaich
a dhubh am faloisgear air earrach baoth.

UISEAG

A' plosgartaich air an fheur an sin,
air do chliathaich,
na h-asnaichean beaga ag èirigh 's a' tuiteam,
is strìochag dhubh-dhearg air an iteig,
's do shùilean a' call an sgèanachd,
tha do latha dheth seachad,
is dè math bhith gad iargain?

Ach ged a theireadh mo reusan sin rium,
's ged tha 'n fhuil tha mu mo chridhe a' reodhadh
brag air bhrag, is bliann' air bhlianna,
cluinnidh mi i ag èigheachd ris a' chuimhne
"O! na faiceadh tu i air iteig
cha sguireadh tu ga h-ionndrain gu sìorraidh."

The walls of Budapest—this image will be seared
on freedom's retina for many an age,
though short the body's memory of pain,
though smoke extends a pall over the wounds,
though leaves will cover them in course of time,
though white snow, smoothly gliding down, will freeze
the human stench on the deserted road.

THE LOSS OF INNOCENCE

Dun shrivelled heather on the bare mound,
turned into heather-rope with which to bind
thoughts of green Winter by the wind dispersed;
sap rising from the turf
seeks out the Summer bud upon the hill,
the sun's soft shimmering heat glows on the slope
the heath-fire blackened in a foolish Spring.

THE LARK

Throbbing there on the grass,
lying on your side,
the little ribs rising and falling,
and a dark-red streak on the wing,
and with the frightened look leaving your eyes,
it's all over with you,
and what's the good of mourning?

But though my reason might say that to me,
and though the blood around my heart is freezing—
year upon year I hear its sharp reports—
yet still it shouts to the memory
"O! could you but have seen her on the wing
you would go on longing for her for ever."

STRÀID ANN AN GLASCHU

Tha uinneagan glana nam prìosan fosgailt,
is cailleachan tiugha a' leigeil an anail,
am broillich aig fois, 's an tea seachad;
a' còmhradh 's a' bruidhinn, air prìs an ìme,
is cò tha pòsadh, is cò fhuair piseach,
air àrdachadh màil, is aodach, is nithean
a thachair an dè air chùl nam balla.

Air an t-sràid a-muigh tha a' chlann a' ruideil,
fear a' tilleadh on bhùth, 's tè a' cùnntadh chlachan,
an lomnochd còmhdaicht' le òige 's cion cleachdaidh,
's an sùilean gorm fo chlàbar eachdraidh.

Na mnathan òga le 'n aparain flùrach
a' còmhradh ri chèile bho uinneig gu uinneig,
is fìon na fala gan cumail fallain,
saor o uallach ach airgead is daorach,
is, theagamh, eagal cus chloinne a ghiùlain.

Na fir nan seasamh nan lèintean a' bruidhinn
air eich, ball-coise is bocsairean cliùiteach,
fear chaidh a mhurt, is Jane Russell,
is iomadach cuspair cudthromach eile:
cha laigh smal air na h-inntinnean dripeil
tha cnuasachd na beatha-s' o bhracaist gu suipeir.

'Se grian foghair is saorsainn feasgair
a chruinnich na blàthan daonda cneasd seo
air sràid anmoch am baile Ghlaschu
goirid mum facas na speuran laiste.

STREET IN GLASGOW

The clean windows of the prisons are open,
and fat old women are taking their ease,
with bosoms at peace, and tea over;
yarning and talking of the price of butter,
and who's to marry, and who has a baby,
the raising of rents, and clothes, and what
happened yesterday behind the walls.

Out on the street the children are playing,
a boy's back from the shop, a girl counts chuckies,
youth and simplicity cover their bareness,
and their eyes are blue under history's mire.

The young women, with their floral aprons,
talk together from window to window,
while the wine of the blood keeps them healthy,
free from cares, but for money and boozing,
and, perhaps, the fear of too frequent childbirth.

The men in their shirt-sleeves stand discussing
horses and football and notable boxers,
the recent murder, and Jane Russell,
and many another weighty subject:
no gloom lies on the active minds
that consider life, from breakfast to supper.

An autumn's sun and an evening's leisure
brought out these human, kindly blossoms
on a late street in the city of Glasgow,
shortly before the sky was seen burning.

Lus a' Chorracha-mille

BALL-SEIRC

An cop air an t-sruth,
am ball-seirc bha nad ghruaidh,
is fàileadh nan lus.

An t-seirc a shearg,
's an lus a chrìon
air sruthan dearg.

Tha 'n fhuil 'na lìgh
fo bhruaich a' chuim,
thar eas a' chrìdh.

Ball-seirc san allt,
an t-eas gun ghuth,
's a' chuimhne dall.

COMA LEAM FAIGHNEACHD

Coma leam faighneachd dè bheir do shaoghal thugad,
ceistean gòrach sgrìobht' air a' ghaoith 's air an tuinn,
sireamaid gliocas meanbh nan tràth 's nam mionaid,
riarachadh bìdh is blàiths 's do mhàthair a' seinn.

Geal leinn do ghlaodh fhad 's a bhios cobhair a dhìth ort,
fàsaidh smuain is seargaidh creideas 'na thràth,
's math leinn do shaoghal bhith cruinn 's do mhil fo thalamh,
èigh, a charaid, 's fhada gu'm bris an là.

Wild Liquorice

BEAUTY-SPOT

The foam on the stream,
the beauty-spot on your cheek,
and the scent of the herbs.

Beauty that faded,
the plant that withered
on a red stream.

The blood in spate
under the body's bank,
over the heart's cataract.

Beauty-spot in the burn,
the waterfall wordless,
and memory blind.

I NEED NOT ASK

I need not ask what life will bring you,
foolish questions written on wave and wind,
let us seek the little wisdom of hour and minute,
sufficient food and warmth and your mother's song.

Pleasant your cry as long as you need help,
thought will grow and trust decline in time,
it's good that your world is whole, and your honey stored,
yell, my friend, it's a long time till day.

EADAR SAMHRADH IS FOGHAR

Os cionn na mara, an lagan uaigneach,
tha glasach far an deach feur a dhochann
air latha samhraidh nach fhalbh ás m' inntinn,
ach nuair ni mi cnuasachd air feur 's air fochann
chan fhan am foghar dhomh anns na cruachan,
's cha till an samhradh a dh' aindeoin m' innleachd.

Bha am muir fodham, gach geal 's gach dearg dhith,
gach sumainn tonn-gheal 's gach claisean dùbhghorm,
teicheadh is dlùthadh,
aoibhneas is anail air mhùchadh,
ag at 's a' briseadh,
is slàinte 'na chiùrradh;
is ghlac mi tiota
gu smuain thoirt air a' chaochlaidheachd
bha sìnte fodham,
is air an t-seasmhachd
a chì mi 'n diugh a bha mi uile dh' easbhaidh.

Mi smuaineachadh air dath na grèine,
is dath an fheòir,
is dath na fala a bh' air do bhilean,
is dath an dòchais a bha mi sireadh,
is dath an adhair os cionn Ile,
is dath na sìorraidheachd 's i 'n sin 'na sìneadh.

DUAN NA CRAOIBHE

Thug mise gaol dhì-se
's thug ise gaol dhòmhsa,
's á seirbhead a' ghaoil
thainig abachadh dòchais.

A seirbhead a' ghaoil
thainig blàthan ro-chaoin,
thainig fàs air an lus
ann an talamh bha staoin.

BETWEEN SUMMER AND AUTUMN

Up from the sea, in a lonely hollow, is a patch of grass where the shoots were bruised, on a summer's day I can never forget; but when I garner both grass and corn, autumn stays not for me in the stacks, nor will summer return though I will it so.

The sea lay below me, white and red, white-skinned wave-crest and dark-blue trough, receding and nearing, joy with its breath held, swelling and breaking, with healing in its hurting; and I grasped a moment to think of the mutability that lay below me, and to think of the constancy that I see now I utterly lacked.

I am thinking now of the colour of the sun, and the colour of the grass, and the blood-red colour of your lips, and the colour of the hope that I was seeking, and the colour of the sky above Islay, and the colour of eternity lying there.

THE SONG OF THE TREE

I gave her love
and she gave love to me;
from love's bitterness
came the ripening of hope.

From bitterness of love
came very-kindly blooms,
the plant grew
in shallow ground.

Thainig fàs air an lus,
thainig geug air a' chraoibh,
thainig duilleach air gèig,
ged bha 'n snodhach gun aoibh.

Thainig duilleach air gèig,
thainig gucag 'na tìm,
thainig flùr air a' chrann
a chuireadh ri sìn.

Thainig flùr air a' chrann,
's ann an abachadh tìm
fhrois an duilleach gu làr
a-measg àmhghar a' chrìdh.

Fhrois an duilleach gu làr,
's ann an lànachd na h-ùin'
chinn an t-ubhal air gèig
a bha macanta ùr.

Dh'innis mi sgeul
air ubhal a dh'fhàs
ann an gàrradh a' ghaoil
mar thoradh air gràdh.

Ach cha d'innis mi 'n gràdh
bha fillt anns a' ghaol
's cha tuig thu mo sgeul
mura tuig thu a' chraobh.

CNÒ

Ann am meadhon na stoirm ud,
nuair bha 'chraobh ga riasladh,
's a geugan gan spìonadh,
ann am meadhon na craoibh sin
bha geug gun mhàbadh,
is air a' ghèig sin bha cnò ga tàladh.

The plant grew,
the tree branched,
the twig came in leaf
though the sap was joyless.

Leaves came on the twig,
a bud in time,
a flower on the tree
that was planted in storm.

A flower on the tree
and in fulness of time
the leaves fell to the ground
in the heart's anguish.

The leaves fell to the ground
and in fulness of time
the apple grew
on a fresh innocent branch.

I told a tale
of an apple that grew
in the garden of love
as a product of affection.

But did not tell of the affection
that was entwined in the love,
and you cannot understand my story
unless you understand the tree.

NUT

In the midst of that storm,
when the tree was rocked,
its branches stripped,
in the middle of that tree
was a branch not torn,
and on that branch a nut cradled.

Ann am meadhon na cnotha,
nuair a rinn mi fuasgladh,
bha sith o bhuaireadh,
ann am meadhon a' chiùineis
bha ceòl gam thàladh;
bha binneas ciùil gam dheanamh saor o mhàbadh.

'S ged rinn mi a briseadh
cha bhi 'chnò 'na pìosan,
no a h-eiteann millte;
's ann ás an sgaradh sin
a thig an t-slànachd,
's ann don a' chaochad sin a theid an lànachd.

LUS A' CHORRACHA-MILLE

Tha a' chlann a' tional lus a' chorracha-mille
faisg air a' chreig, air slios a' ghlinne,
a' cladhach nam freumhaichean fada geala,
's a' caomhnadh nan cnapan milis meala;
cnothan a' gheamhraidh, a ghleidheas am mìlseachd
ged tha 'n talamh fuar 's an duilleag air crìonadh.

Thionail mis' uair lus a' chorracha-mille—
mil air do bheul, mil air do shùgradh;
cha b'ann air aodann na creige, no slios a' ghlinne—
mil air do bheul, mil mhilis do chiùil-sa;
cha do shaoil mi gun mharbh mi na cnothan, ged rinn mi an tioradh,
cha do shaoil mi gun chaill mi a' mhil, ged a rinn mi a sioladh,
cha do shaoil mi gun dh'fhalbh an uraidh ged thàinig am blianna.

Is thionail mise uair eile lus a' chorracha-mille,
sgrìob is ghlan mi na cnothan, is chuir mi air falbh iad,
an àite dìomhair dorch, an cùil na cuimhne,
air chùl a' mheadhail, an taigh an aoibhneis,
far nach fhaiceadh sùil is nach blaiseadh beul orr',
ann an taigh a' mheadhail, air chùl an èibhneis.
Lus a' chorracha-mille a mhill mo shuaimhneas,
bu chorrach do chìoch, 's a' mhil a' sruthadh uaipe,
ged nach do ràinig orm-s' ach deireadh druaip dhith.

In the middle of the nut,
when I opened it,
was peace from trouble,
in the middle of the stillness
music was enticing me;
sweetness of music freeing me from torment.

And though I broke it
the nut will not be shattered,
nor its kernel destroyed:
it is out of that separation
that wholeness comes,
it is into that emptiness that fulness goes.

WILD LIQUORICE

The children are gathering the wild liquorice,
close to the rocks, on the side of the glen,
digging up the long white roots
and saving the honey-sweet nodules;
winter nuts that keep their sweetness
though the ground is cold and the leaf shrivelled.

Once upon a time I gathered wild liquorice—
honey on your lips, honey on your love-talk;
not on the rock-face, nor the glen-side—
honey on your lips, sweet honey of your music;
I did not think the nuts had died though I dried them out,
nor that I had lost the honey, though I filtered it,
nor that last year was gone though this year came.

And another time, I gathered wild liquorice,
scraped and cleaned the nuts and put them away,
in a dark secret place, in a nook in the memory,
behind mirth in the house of joy,
where eye could not see, nor lips taste,
in the house of mirth, behind joy.
Wild liquorice that wiled my peace,
with honey flowing from the point of your breast,
though all that reached me was the very last drop.

AIG TURSACHAN CHALANAIS

Cha robh toiseach no deireadh air a' chearcall,
cha robh iochdar no uachdar aig ar smuain,
bha an cruinne-cè balbh a' feitheamh,
gun muir a' slìobadh ri tràigh,
gun feur a' gluasad ri gaoith,
cha robh là ann no oidhche—
is gu sìorraidh cha chaill mi cuimhne
air do chuailean bàn 's do bheul meachair,
no air an aon-dùrachd a shnaoidh sinn
ri chèile an cearcall na tìme,
far nach suath foill ann an tràigh dòchais.

Mar Chuimhneachan

AIG AN UINNEIG, SEANA BHAILE OBAIR-DHEADHAIN

Tha chraobh aig geata na Colaisd air faoisgneadh ás ùr,
gach meanglan torrach le geugan, gach geug le duilleach,
fìnealt 'na trusgan uaine, a h-obair-ghrèis gun uallach,
a saothair gun sgìos, a h-iollach gun fharmad,
ged a bha i 'na seasamh nuair bha m' athair an seo 'na ghiollan,
o chionn lethcheud bliana, 's a leabhar Laidinn fo achlais.

I toirt bhuam nan seann bhallachan an diugh
air a bheil obair-ghrèis na gaoithe is trusgan na grèine,
anns an d' rinn Mac-Talla gàir ri gàir Eòghainn MhicLachlainn,
is cagar ri cagar Alasdair MhicBheathain,
is freagairt ri Laideann nan seann oileanach,
ri Beurla chruaidh na h-Albann, is ris a' Ghàidhlig.
Ise òg, is mise nas òige.

Sinn le chèile 'nar freiceadain,
ach cumaidh ise a druim direach nas fhaide,
's a cridhe fallain. Oir tha mise an seo le cogais
a ghabhas dubhadh, is cridhe a ghabhas briseadh.

AT CALLANISH STONES

The circle had neither end nor beginning,
our thought had neither start nor finish,
the still universe was waiting,
sea not stroking the land,
grass not moving in wind,
there was no day, no night—
and I shall never forget
your fair hair and tender lips,
or the shared desire that wove us
together in time's circle
where treachery will not touch hope's shore.

In Memoriam

FROM A WINDOW IN HIGH STREET, OLD ABERDEEN

The tree at the gate of the College has burgeoned anew,
each branch fruitful of twigs, each twig of leaves,
elegant in its green garb, its embroidery effortless,
its labour tireless, its joy holding no envy,
though it stood there when my father was here as a lad,
fifty years since, with his Latin text under his arm.
It hides from me to-day the ancient walls
that the wind has embroidered and the sun clothed,
where echo replied to the laugh of Ewen MacLachlan,*
and returned the whisper of Alexander MacBain,†
answering the old students in Latin,
or Lowland Scots, or Gaelic.
This tree is young, and I am younger.
Both of us stand guard,
but it will stand upright longer,
with a sound heart. For I stand here with a conscience
that can be blackened, and a heart that can be broken.

* Late 18th and early 19th century Gaelic poet, translator of seven books of the *Iliad* into Gaelic, and Librarian of King's College.
† Late 19th century Celtic scholar, and graduate of King's College.

AIR LEABAIDH BHOCHD

Air leabaidh bhochd an ceann-shuas an taighe
tha eachdraidh 'na laighe;
chì thu an siud
a dealbh 's a dath,
a sùilean ag amharc 's a chridhe gun mhùthadh,
a cridhe luaineach gun tionndadh 's a sùilean a' faicinn—
mar gum faiceadh camera—
nithean ùra is annasach
nach gluais a fuil is nach mùch a cuimhne.

Air a leabaidh-àird far am faic i a beatha
dol suas 'na ceò bho chaoranan dubha:
lathaichean òga san sgoil, is làithean an iasgaich,
is làithean na suirghe,
làithean na falamhachd cuideachd,
is làithean na h-iargain,
gun chuideachd ri gualainn no glùin;
is làithean a' chonais, nuair choisinn an aois
saorsa bho chiùrradh—
O shùilean òga, bi caoin ag amharc a' chràidh ud.

Cha soillsich solas an dealain dad ach am bàs dhi:
tha bàs a' chinn-adhairt lèir fo ghath a sholais.
Tha 'n iocshlaint 's a' chungaidh-leigheis air ceann an dreasair,
is fios a' bhàis sgrìobht air a' bhotal am Beurla.
Tha fiosan a' bhàis coimheach an diugh, gun truas annt,
's bheir carbad-smùid an t-uallach bhàrr luchd a' ghiùlain.

Ach tha Beurla nan cùbairean beò,
is chì i na làmhan gu clis a' gluasad;
tha chutag 'na glaic, is samhradh Leòdhais
no geamhradh Shasainn tighinn beò 'na sùilean,
na h-òrain a bh' ann, is bloighean den t-seann chòmhradh.

"MUCKA"
(a chaochail ann am Pabail air 13/10/57)

Is sàmhach a-nis na bilean bha labhrach,
tha do Bheurla 's do Ghàidhlig 'nan clos gu bràth
an gainmheach na h-Aoidhe: cha tog a' ghaoth iad
bho sgàil nan ceap sin;
tha t' fhalt an càradh mar a dh' fhàg a' chìr e.

ON A POOR BED

On a poor bed in the upper end of the house
history is lying;
you can see there
her shape and her hue,
her eyes looking and her heart unchanging,
her restless heart unturning and her eyes seeing—
as a camera sees—
things new and strange
that do not move her blood nor smother her memory.

On her high-bed, where she sees her life
going up in smoke from black bits of peat:
youthful days in school, and the fishing days,
and the courting days;
days of emptiness too,
and days of longing,
with no company at shoulder or knee;
and the days of rage, when age had won
freedom from hurt—
O youthful eyes, be kind as you look at that paining.

The electric light can show her nothing but death:
death-on-the-pillow lies bare beneath its rays.
The salve and the medicine stand at the end of the dresser,
with the tidings of death inscribed on the bottle in English.
Death-tidings are barbarous these days, without pity,
and the bus will take the burden off the coffin-bearers.

But the English of the coopers lives,
and she sees hands swiftly moving;
feels the gutting-knife in her palm, and the Lewis summer
or the English winter comes alive in her eyes,
the songs they had, and snatches of the old talk.

"MUCKA"
(who died in Bayble, 13/10/57)

Quiet now are those talkative lips,
your English and Gaelic are stilled for ever
in the sands of Eye: the wind will not lift them
from the shade of those clods of turf;
your hair is arranged as the comb left it.

Deich-blianna-fichead, bho òige gu ìre,
bho leanabas gu fearachas—cha bheag an ùine—
bha mo chluais eòlach air do dhà chànain,
is dh' ionnsaich mi pàirt dhiubh,
is dh' fhàs mo shùil eòlach air dealbh na tìm ud.

Seo deireadh an t-seusoin, chaidh na bàtaichean dhachaigh;
chan eil nì ri dhèanamh ach ar treallaichean a thrusadh,
is an taigh-loidsig fhàgail,
is cù-crèadha cheannach mar chuimhneachan,
is sgeulachdan innse air àm nach till ruinn.

TOBHTA IAIN RUAIRIDH

A' ruith o chreig gu creig, o thom gu tom,
lorg mi nis fasgadh, far a leig mo chrìdh
a sgìths o a bhuille chruaidh. Tha 'mhòinteach lom
air cùl a' ghàrraidh, ach an seo tha sìth.

An seo tha 'n talamh-àitich, 's fon a' chnoc
tha tobht' mo shinn-seanar, is feur a' fàs
gu bras air leapannan a' chruidh aige, san t-sloc
chùm cìoch ri m' dhaoine, 's far an d' fhuair iad bàs.

Is siud an leas a thog iad: 's iomadh cruach
a shłaod iad innt is aisd, am beagan sìl
ga chur air lorg a' phailteis, 's chaidh an luach
bha sin a sgapadh ann an iomadh cill.

O Bhàis, chan eil thu gearaineach, cha chluinn
mi uair bhuat gu bheil cus air thì
do ghoirtein chreagaich, ged a dh' fhàg na suinn
cho bàn an fhàrdach-s' 's gun d' fhuair mis innt sìth.

For thirty years, from youth to maturity,
from childhood to manhood—no short space—
my ear was accustomed to your two tongues,
and I learned part of each,
and my eye came to know the image of that time.

This is the end of the season, the boats have gone home;
there is nothing to do but gather our belongings
and leave the lodgings,
and buy a china dog as a memento,
and tell stories of days that will not return.

"Mucka," or Murdina MacIver, was for many years school-cleaner at Bayble School, but she had spent many seasons at the fishing in Lewis, the mainland of Scotland, and England.
Eye: the cemetery for the district of Point.

JOHN SON OF RODERICK'S RUINED HOUSE

Running from rock to rock, from mound to mound,
I've now found shelter, where my heart can rest,
easing its urgent beat. The moor is bare
behind the dyke, but here there's peace.

Here is the arable; under the hill
my great-grandfather's* house, the grass grows
fiercely where his cows bedded, in the hollow
that gave suck to my people, where they died.

And there the stackyard that they built:
stacks carried to and fro, a little seed
sown in the search for plenty, and that worth
in many a churchyard scattered.

You are not querulous, O Death,
I do not hear you say too many seek
your stony field, although these fine ones
have left this home empty to make my peace.

* John was my great-grandfather, Roderick my great-great-grandfather, on the maternal side of my mother's family, in Keose.

CISTEACHAN-LAIGHE

Duin' àrd, tana
's fiasag bheag air,
's locair 'na làimh:
gach uair theid mi seachad
air bùth-shaoirsneachd sa' bhaile,
's a thig gu mo chuinnlean fàileadh na min-sàibh,
thig gu mo chuimhne cuimhne an àit ud,
le na cisteachan-laighe,
na h-ùird 's na tairgean,
na sàibh 's na sgeilbean,
is mo sheanair crom,
is sliseag bho shliseag ga locradh
bhon bhòrd thana lom.

Mus robh fhios agam dè bh' ann bàs;
beachd, bloigh fios, boillsgeadh
den dorchadas, fathann den t-sàmhchair.
'S nuair a sheas mi aig uaigh,
là fuar Earraich, cha dainig smuain
thugam air na cisteachan-laighe
a rinn esan do chàch:
'sann a bha mi 'g iarraidh dhachaigh,
far am biodh còmhradh, is tea, is blàths.

Is anns an sgoil eile cuideachd,
san robh saoir na h-inntinn a' locradh,
cha tug mi 'n aire do na cisteachan-laighe,
ged a bha iad 'nan suidhe mun cuairt orm;
cha do dh' aithnich mi 'm brèid Beurla,
an lìomh Gallda bha dol air an fhiodh,
cha do leugh mi na facail air a' phràis,
cha do thuig mi gu robh mo chinneadh a' dol bàs.
Gus an dainig gaoth fhuar an Earraich-sa
a locradh a' chridhe;
gus na dh' fhairich mi na tairgean a' dol tromham,
's cha shlànaich tea no còmhradh an cràdh.

COFFINS

A tall thin man
with a short beard,
and a plane in his hand:
whenever I pass
a joiner's shop in the city,
and the scent of sawdust comes to my nostrils,
memories return of that place,
with the coffins,
the hammers and nails,
saws and chisels,
and my grandfather, bent,
planing shavings
from a thin, bare plank.

Before I knew what death was;
or had any notion, a glimmering
of the darkness, a whisper of the stillness.
And when I stood at his grave,
on a cold Spring day, not a thought
came to me of the coffins
he made for others:
I merely wanted home
where there would be talk, and tea, and warmth.

And in the other school also,
where the joiners of the mind were planing,
I never noticed the coffins,
though they were sitting all round me;
I did not recognise the English braid,
the Lowland varnish being applied to the wood,
I did not read the words on the brass,
I did not understand that my race was dying.
Until the cold wind of this Spring came
to plane the heart;
until I felt the nails piercing me,
and neither tea nor talk will heal the pain.

An Rathad Cian

1 AN UILEBHEIST

Ag èirigh á muir uaine
cobhar-shrianagach an Fhoghair,
air d'uilinn,
O uilebheist mo dhomhain,
tha mi tighinn thugad le m'adhradh,
le mo shùilean prabach, leis a' chainnt
a dh'ionnsaich mi aig d'altair,
leis na briathran
a choisrig mi 'na do sheirbheis,
leis a' cheòl
a chuaileanaich ma mo chluasan,
leis na buadhan,
leis a' chreideamh—
mòr no beag e—
leis an fheirg,
leis a' mheirg air mo bhilean,
leis a' ruithleum, leis a' bhàs
a dh'fhuiling mi air do sgàth,
leis a' bhrèig, leis an taise,
le do mhaise ga mo mhealladh,
leis a' chruas, leis a' chràdh,
leis a' chuimhne, leis a' chridhe,
leis a' chridhe sin a chailleadh,
leis a' chaile-chridhe-bianain,
leis a' mharcan-seachran-sìne,
leis an earball-saillte-sàile,
leis an fhuidheall dhe mo ghràdh dhut.

2 NA FREICEADAIN

An Gallan 's Aird Chirc 's Aird Phabail
'nam freiceadain nuair thilleas m'anam,
's ged gheibh mi seachad air a' Ghallan
tha Biastan Thuilm 'na mo rathad
is altair na Circe ga falach
le sprùilleach de chlachan-meallain,
is sagairtean Phabail
a' cantainn na h-èifhreann an Laideann
's ri èisdeachd chan fhan iad.

1 THE MONSTER

As you rise from the green sea,
foam-streaked with Autumn,
on your elbow,
O monster of my world,
I come to you in worship,
with red-rimmed eyes, a language
learnt at your altar,
the words
I consecrated to your service,
the music
that stole upon my hearing,
the talents,
the faith—
small or great—
anger,
the rust on my lips,
the élan, the death
I suffered for your sake,
the lies, the sentiment,
your beauty blinding me,
the hardness, the pain,
the memory, the heart,
that heart I forfeit,
phosphorescent heart,
spendthrift spindrift,
salt-tail-tangle,
remnant of my regard for you.

2 THE WATCHMEN

The Gallan, Chicken Head and Bayble Point
will be the watchmen when my soul returns,
and though I may pass the Gallan
the Beasts of Holm are in my road,
and the altar of Kirk Head hidden
under a scatter of hailstones,
and the Bayble priests
chanting the mass in Latin,
not waiting for listening or confession.

(Chicken Head and Kirk Head (Rubha na *Circe*) are one and the same.
The Norse name, referring to a church, is misinterpreted in Gaelic.
Bayble is a Norse name, containing the Norse word for "monk").

3 AN ÒDHRAG

Gu h-àrd air a' phalla
tha 'n òdhrag liathghorm 'na laighe,
ri feitheamh.
Thainig neart 'na mo sgèith,
dh'fhàg mi chreag ás mo dhèidh,
chaill an t-eunadair geur
a shealladh 's a ghrèim,
tha mi saor anns an speur,
's mi tuiteam.

4 LEANNAN M'ÒIGE

Cia fhaide thuit mi bhuat, a leannain m'òige?
le do chuailean donn 's do shùilean dorcha,
gach lag is bràigh nach do dh'fhidir mi, nach do dh'fhairich mi,
Mùirneag an toiseach Og-mhìos,
is Mèalaiseal is Mòinteach Shuardail,
is Loch nan Ruigheannan a' snìomh
a ghàirdeanan mu mo chom.
Clach Steinn 'na bloighean mas do dh'fhalbh mi
's an saoghal ud 'na phristealan mu mo chasan.

5 AN DOIRBEARDAN

Tha 'n doirbeardan anns an lochan fheurach
ri mion-shnàmh eadar lusan chraobhach,
is meanbh-ghluasadan a bhith shaoghalta
air an òrdachadh;
agus ma tha a Chlach-Steinn-san air a bloigheadh
dè 'n diofar?
Dè 'n diofar dhutsa, a dhoirbeardain na h-Albann,
a dhoirbeardain Shasainn, a dhoirbeardain an t-saoghail mhòir,
ged a bhiodh do reul-iùil a dhìth ort
's do chridhe 'na phristealan 'na do chuimhne?

3 THE YOUNG SHAG

High on the rock-ledge
lies the blue-grey shag,
waiting.
Strength came to my wing,
I left the rock behind me,
the eager fowler
lost sight and grip of me,
I am free in the sky,
falling.

4 SWEETHEART OF MY YOUTH

How far have I fallen from you, sweetheart of my youth?
with your brown hair and your dark eyes,
each mound and hollow that I did not know, did not feel,
Mùirneag in early June,
and Mèalaiseal and Swordale Moor,
and Loch nan Ruigheannan with its arms
clasped round me.
The Norse Stone shattered before I left,
and that world in shards about my feet.

5 THE MINNOW

The minnow in the grassy loch
minutely-swims between branching plants:
the tiny movements of his earthly life
are ordained;
and though his Norse Stone be shattered
what of it?
What's it to you, minnow of Scotland,
minnow of England, minnow of the wide world,
though your guiding star be lost
and your heart in shards in your memory?

6 "BÙRN IS MÒINE 'S COIRC"

"Bùrn is mòine 's coirc"—
facal am beul strainnseir,
ann an dùmhlachd a' bhaile,
ann am baile nan strainnsear.
Boile! An cridhe gòrach
a' falpanaich mu na seann stallachan ud
mar nach robh slighe-cuain ann
ach ì.
An cridhe ri bacan, car ma char aig an fheist
's i fàs goirid,
's an inntinn saor.
Is daor a cheannaich mi a saorsa.

7 DH'FHAIRICH MI THU LE MO CHASAN

Dh'fhairich mi thu le mo chasan
ann an toiseach an t-samhraidh;
m'inntinn an seo anns a' bhaile
a' strì ri tuigse, 's na brògan a' tighinn eadarainn.
Tha dòigh an leanaibh duilich a thrèigsinn:
e ga shuathadh fhèin ri mhàthair
gus a faigh e fois.
Dh'fhairich mi taobh an ascaoin dhìot 's an taobh caoin
's cha bu mhisde,
dà thaobh an fheòir is dà ghrèim air an eòrna,
riasg is còinneach,
is bhon a tha an saoghal a bh'againn
a leantainn ruinn chon a' cheum as fhaide
chan fhiach dhomh am poll sin a ghlanadh
tha eadar òrdagan a' bhalaich.
Agus a-nis aig meadhon latha
tha mi dol a-steach gha mo gharadh,
le mo chasan-rùisgte air fàd ri taobh na cagailt.

6 "WATER AND PEATS AND OATS"

"Water and peats and oats"—
a word in a stranger's mouth,
in the throng of the town,
in the town of the strangers.
Madness. The foolish heart
lapping along these ancient rocks
as though there were no sea-journey in the world
but that one.
The heart tied to a tethering post, round upon round of the rope
till it grows short,
and the mind free.
I bought its freedom dearly.

7 I GOT THE FEEL OF YOU WITH MY FEET

I got the feel of you with my feet
in early summer;
my mind here in the city
strives to know, but the shoes come between us.
The child's way is difficult to forget:
he rubs himself against his mother
till he finds peace.
I felt the rough side of you and the smooth
and was none the worse of it,
the two sides of the grass and the two grips on the barley,
peat-fibre and moss,
and since the world we knew
follows us as far as we go
I need not wash away that mud
from between the boy's toes.
And now, in middle age,
I am going in to warm myself,
with my bare feet on a peat beside the hearth.

8 A' MHÒINTEACH

'Se mhòinteach as fheàrr leam,
an riasg ud a' gluasad fo mo chasan gu fàire,
agus an aonranachd,
oir 'se 'n aonranachd a tha an dàn dhuinn;
air cho fialaidh 's gum bi briathran
aig a' cheann ma dheireadh
ruigidh sinn inbhe nam beathaichean snàgach
fo dhìon an rèisg is fo bhinn a-màireach.
A' mhòinteach thulganach thonnach thorrach
'na laighe siud gu sìorraidh
's a craos fosgailte,
a' slugadh chaorach,
is dhaoine,
's gam shlugadh-sa.
Ach 'se mhòinteach as fheàrr leam:
na bothtaichean dubha, a' chòinneach,
fliuch le srùladh Earraich,
reubadh dealanaich air bac, as t-Fhoghar,
is pruganan fraoich.
Is gaoth na mòintich sin ann am meadhon na mara
air m'aire.

9 CHAILL MI MO CHRIDHE RIUT

Chaill mi mo chridhe riut ann an toiseach Màigh,
bha do shliasaid blàth,
teann, mìn, 's ged a b'òigh thu
bha do chìochan làn,
bòidheach fon t-sròl uaine;
agus ann an Og-mhìos nan uan
laigh mi air t'uachdar,
's cha robh thu air do thruailleadh;
is an uair a thàinig Iuchar
dh'fhaoisgneadh na lusan
is thàinig blàth air a' chanach;
ach thàinig a sin am bruaillean
is fras air na gruaidhean
is mas robh fhios agam dè chanainn
thàinig an lìth donn air a raineach,
's cha robh a chridh agam na chanadh
gun do chaill mi sìoda mìn a' chanaich.

8 THE MOOR

The moor is what I like best,
that peat-fibre moving under my feet to the skyline,
and the loneliness,
for loneliness is what is in store for us;
however generous words may be
at the end of the day
we reach the level of the crawly creatures
protected by the peat and facing tomorrow's doom.
The heaving, billowy fruitful bog
lying there till eternity
with its mouth open,
swallowing sheep,
and men,
and me.
But the moor is what I like best:
the black bogs, the moss
wet with streaming spring,
lightning's gash on a bank, in Autumn,
and tufts of heather.
And the wind of that moor in the midst of the sea
holding me.

9 I LOST MY HEART TO YOU

I lost my heart to you at the start of May,
your thighs were warm,
firm and smooth, and though you were a maid
your breasts were full,
beautiful beneath green satin;
and in the lambs' month June
I lay upon you,
and you were not defiled;
and when July came
the buds of the plants burst open
and bloom came on the cotton grass;
but then came anxiety
and tears on cheeks,
and before I knew what to say
a brown tint spread over the bracken,
and I could not say—I had not the heart to do it—
that I had lost the smooth silk of the cotton grass.

10 BHA DO SHÙILEAN CIÙIN

Bha do shùilean ciùin, a latha sin,
beag, aosda,
aodann na h-àird an ear
sgìth le coiseachd ròidean Ruisia,
rocach mar chaillich Thibetich,
's do làmhan an-fhoiseil
air cuibhle na h-ùrnaigh;
chunna mi sealladh dhìot air bruaich na Ganges
's tu 'g ràdh riut fhèin—dh'fheumadh tu sin—
gu robh sal a' pheacaidh agad ri ghlanadh dhìot;
cha b'e do pheacadh fhèin, cha robh sin mòr,
peacadh nan athraichean.
Cha robh do pheacadh fhèin ach beag:
corra bhriag nuair a thigeadh e teann ort,
càineadh corra uair;
cha do chuir thu làmh ann a fearann do choimhearsnaich,
cha d' rinn thu magadh air ceòl nan Innseanach,
cha do chuir thu ás do chainnt Shìna,
cha dug thu oighreachd an Tighearna do chàmhail
's na daoine bàsachadh leis a' chaitheimh.
Peacadh nan athraichean 'na do chliabh
is sprùilleach a' ghràis a' tuiteam troimh na briagan.

11 A' CLUICH AIR FOOTBALL LE FÀIDH

Ma bha thu riamh a' cluich air football le fàidh
leanaidh a' chuimhne sin riut,
cha tèid i fodha ann an cop phàipearan-naidheachd,
ann a sprùilleach chairtean bingo;
turchairt spioradail.
'Sann air fàidhean an Aonaidh a b' eòlaich mi,
ach thuig mi, gu math tràth,
gu robh fàidhean anns an Eaglais Shaoir cuideachd,
fàidhean ann am Barraigh
agus eadhon anns an Eilean Sgitheanach,
agus beag air bheag thuig mi

10 YOUR EYES WERE GENTLE, THAT DAY

Your eyes were gentle, that day,
tiny, old,
the face of the East
tired with walking the roads of Russia,
wrinkled like an old Tibetan woman,
with your hands restless
on the prayer-wheel;
I caught a glimpse of you on the banks of the Ganges
as you told yourself—you had no option—
that you must wash off the stain of sin;
it was not your own sin, that was not great,
the sins of the fathers.
Your own sins were trifling:
an occasional lie when you were cornered,
a little defamation of character;
you did not meddle with your neighbour's land,
nor mock the music of the Indians,
you did not obliterate China's language,
nor give the Lord's inheritance to camels
while men died of consumption.
The sins of the fathers in your creel
and crumbs of grace falling through its apertures.

(The Gaelic word for the apertures in a creel has a homophone which means "lies").

11 PLAYING FOOTBALL WITH A PROPHET

If you ever played football with a prophet
you will remember it,
the memory is not submerged in the froth of newspapers,
in the strewn bingo cards:
a spiritual jetsam.
I was better acquainted with Church of Scotland prophets,
but understood, quite young,
that there were prophets in the Free Church too,
prophets in Barra,
and even in Skye,
and bit by bit I came to know

nach robh tròcair an Tighearna air a cuingealachadh
ri creud no ceàrnaidh
no eadhon cànan.
'Se 'm peacadh as motha
a bhith càrnadh a' ghràis gu lèir 'na do chliabh fhèin.

12 IS CHUNNAIC MI THU 'NA DO CHLOICH

Is chunnaic mi thu 'na do chloich
sàthte am meadhon mòintich,
stobach, stuirceanach,
còinneach mu d' aobrannan,
crotal air do chom,
do chonaltradh ris a' ghealaich seachad
is iobairt do chloinne crìochnaichte,
is thuig mi, thuig mi glè mhath
nach robh e idir fo d'aire
a bhith 'na do Chalanais ann an tìr nam beò.

13 IS DUBH A CHOISICH THU LATHA

Is dubh a choisich thu latha
a' caoidh nan gallan bu bhòidhche,
'na do ghurraban cràbhaidh
ann am fàsach do sheòmair,

le d'aparan geur
suathadh dheur 's sgapadh sòlais:
thog an iolaire 'na spòig
mire 'n ògain bhon chòmhradh.

Is thubhairt thu gur h e toil Dhè a bh'ann
gun deach am bàta sin air na Biastan,
a' dìochuimhneachadh na chual' thu ás a' chùbainn:
gu robh Abharsair nan iomadh riochd a sàs unnad.

that the Lord's mercy is not confined
by creed or region,
or even language.
The greatest sin
is to pile all of the Grace in your own creel.

12 AND I SAW YOU AS A PILLAR STONE

And I saw you as a pillar stone
set in the midst of a moor,
stocky, defiant,
moss round your ankles,
crotal on your breast,
your converse with the moon over
and your children's sacrifice finished,
and I understood, I knew very well
that it was no part of your purpose
to be a Callanish in the land of the living.

13 BLACK YOU WALKED THROUGH THE DAY

Black you walked through the day
mourning the handsomest youths,
crouching mumbling piety
in the waste of your room,

your bitter apron
wiping tears and routing joy:
the eagle lifted in his talons
the youth's mirth out of the talk.

And you said it was God's will
that that ship went on the Beasts,
forgetting what you had heard from the pulpit:
that the Adversary of many guises was working on you.

(The reference is to the *Iolaire* (Eagle) which was wrecked on the Beasts of Holm, near Stornoway, drowning a large number of returning servicemen, at the end of the First World War).

14 IS CHUNNAIC MI THU 'NA DO BHEAIRT

Is chunnaic mi thu 'na do bheairt
an taigh-cùil is glas air:
thainig bodach eòlach á Glaschu
a dhearbhadh dè bh' unnad,
is dh'aithnich e 'n t-slinn 's an crann-snàth,
an t-sliseag-uchd a bha dlùth ri broilleach,
's am maide-teannaidh;
chunnaic e làrach nan cas,
is làrach nam meur air an spàl,
agus na fuigheagan,
is chaidh e dhachaigh agus rinn e sgeulachd ort.

15 CEÒL NA BEAIRTE

Chan e 'n aon cheòl a th'aig a' bheairt
ann an Leòdhas 's ann a Leeds:
tha Gàidhlig aig beairtean Leòdhais.

16 CLIATHAICH A' CHNUIC

'Na do shuidh a sin
air cliathaich a' chnuic,
's a naosg a' gabhail seachad,
sitheadh ann a sìorraidheachd Leòdhais,
bha thu aig fois,
do chrodh faisg ort
's a latha fada,
an àile mhìn 'na do chuinnlean
is Beanntan Bharbhais air iomall fàire.

17 AIR MÒINTEACH SHUARDAIL

Ann am beul an latha thog thu ort
gu Mòinteach Shuardail.
B' ao-colthach ris a' phampas i,
ach bha do chù ri do shàil
's bha thu còmhradh ris anns a' chainnt Spàinnich.
A' dol seachad air Loch Cheòis
chunna tu caorann a' fàs air eilean

14 AND I SAW YOU AS A LOOM

And I saw you as a loom
in a locked outhouse:
a knowledgeable fellow from Glasgow
came to identify you,
and he recognised the sleay and the beam,
the breast-beam that was close to the chest,
and the beam that the weights hung on;
and he saw the footmarks,
and the finger-marks on the shuttle,
and the thrums,
and he went home and wrote a report on you.

15 THE MUSIC OF THE LOOM

The loom does not make the same music
in Lewis and in Leeds:
the Lewis looms have Gaelic.

16 THE SIDE OF THE HILL

Sitting there
on the side of the hill,
with the snipe passing by,
a swoop in the eternity of Lewis,
you were at peace,
your cattle close at hand
and the day long,
the gentle air in your nostrils
and Barvas Hills on the farthest horizon.

17 ON SWORDALE MOOR

At daybreak you set out
for Swordale Moor.
It was hardly reminiscent of the pampas,
but you had your dog at heel
and spoke to him in Spanish.
Passing Keose Loch
you saw a rowan growing on an island,

's gun chraoibh air fàire ach ì,
is chuimhnich thu air coilltean Chile,
air Punta Arenas is Santiago,
boireannaich fo chòmhdach a' mhantilla,
is fìon, is measan,
is soitheach a' fàgail cidhe Valparaiso.

18 AM BODACH-RÒCAIS

An oidhch' ud
thàinig am bodach-ròcais dhan taigh-chèilidh:
fear caol àrd dubh
is aodach dubh air.
Shuidh e air an t-sèis
is thuit na cairtean ás ar làmhan.
Bha fear a siud
ag innse sgeulachd air Conall Gulban
is reodh na faclan air a bhilean.
Bha boireannach 'na suidh' air stòl
ag òran, 's thug e 'n toradh ás a' cheòl.
Ach cha do dh'fhàg e falamh sinn:
thug e òran nuadh dhuinn,
is sgeulachdan na h-àird an Ear,
is sprùilleach de dh'fheallsanachd Geneva,
is sguab e 'n teine á meadhon an làir
's chuir e 'n tùrlach loisgeach nar broillichean.

19 FÀS IS TAISE

Ceò mhìn 'na laigh' air na buailtean,
sgeallan as a' choirc, a' breacadh nan raon,
stealladair gos frasadh,
is seileasdair a' bòcadh, buidhe ann am bruaich dìg:
fàs is taise.
Cò chanadh gu bheil am baile seo ri uchd bàis?
Tha nighean bheag, le sùilean sgèanach,
a' cluiche air tricycle.
Dh'fhalbh an liùdhag
is thàinig an dolla á Hong Kong,
is falbhaidh tusa cuideachd
air slighe an fhortain 's an TV
's bidh a' chreathail a' breothadh anns an t-sabhal ùr le mullach zinc air.

with no other tree in sight,
and you remembered the forests of Chile,
Punta Arenas and Santiago,
women wearing the mantilla,
and wine, and fruits,
and a ship leaving the quay in Valparaiso.

18 SCARECROW

That night
the scarecrow came into the cèilidh-house:
a tall, thin black-haired man
wearing black clothes.
He sat on the bench
and the cards fell from our hands.
One man
was telling a folktale about Conall Gulban
and the words froze on his lips.
A woman was sitting on a stool,
singing songs, and he took the goodness out of the music.
But he did not leave us empty-handed:
he gave us a new song,
and tales from the Middle East,
and fragments of the philosophy of Geneva,
and he swept the fire from the centre of the floor
and set a searing bonfire in our breasts.

19 HIGH SUMMER

Fine mist lies close to the fields,
wild mustard in the corn, speckling it,
great masterwort ready to shed its seed,
and iris swelling, yellow on wet green bank:
growth and moistness.
Who could guess this village is at death's door?
A little girl, with frightened eyes,
plays on a tricycle.
No rag-doll now—
plastic from Hong Kong—
and you in turn will take
the road of fortune and TV,
and the cradle will rot in the new barn with its zinc roof.

20 DÒMHNALL ISEABAIL

Dùsgadh an òir 'na do dheud
's an gàire mall 'na do shùil.
Bha thu eòlach, a-rèir do theisteanais,
air Hoover 's air Roosevelt,
's bha thu 'na do thramp
air ròidean Ameireagaidh.
Fabhrannan crom sgìth
gan togail a-nis air Blàr Phabail,
an *Spectator* air a' bhòrd;
bha là eile aig fear na mònach:
mura b'e a linn anns an d'rugadh tu,
's an dùthaich a dh'altruim thu
dheanadh tu Castro co-dhiù
gun tighinn air a' chòrr.

21 BLÀR PHABAIL

Tha sgaoth fhaoileag air Blàr Phabail,
am peiteanan liatha 's geala ris a' ghaoith,
a' mhòinteach lachdann ag èisdeachd riutha:
Seisean Eaglais a Rubha air cruinneachadh,
fuaradh frois' ann, stoirm 'na coltas.
Dè an naidheachd a th' agaibh?
Boireannaich as a' Chlèir,
Bòrd Leasachaidh na Gaidhealtachd air Gàidhlig ionnsachadh,
na Bothanan air am briseadh,
sagairtean Phabail ri dìolanas,
sìth ann a Vietnam,
no a bheil sibh a' caoidh nan conastapal
d'am b'aithne crìochan nam poll-mònach,
no a' leughadh a' *Ghasaet*
is facail eagalach mar "Arminianism" nur gàgail?

20 DONALD MATHESON

A gleam of gold in your teeth
and a slow smile in your eye.
You knew Hoover and Roosevelt well,
or so you said,
and you were a tramp
on the roads of America.
Tired, drooping eyelids
raised now to the Bayble bog,
the *Spectator* on the table;
changed days:
had you been born at another time,
and reared in another country,
you might have been a Castro at least,
to put it no higher than that.

21 THE BAYBLE PLAIN

A flock of seagulls on the Bayble Plain,
grey and white waistcoats in the wind,
the tawny moor listening to them:
the Point Kirk Session come together,
breeze before shower, dirty weather ahead.
What news do you have?
Women in presbytery;
the Highland Development Board learning Gaelic;
the bothans broken;
the Bayble priests fornicating;
peace in Vietnam;
or do you mourn the village constables
who knew once the boundaries of the peat-lands,
or are you reading the *Gazette*
with terrible words like "Arminianism" in your cackling?

22 CHA B'E 'N AOIS

Cha b'e 'n aois a liath mo cheann
ach ag èisdeachd sgeulachdan a' chogaidh,
is còmhradh mu chidhe Bhrèvig,
is cràbhadairean Eilean Beag Donn na Gaoithe.

23 MURCHADH MOIREASDAN, 1872-

Cha robh cus dha do shamhail
air thalamh na Crìosdachd,
no eadhon ann a Leòdhas fhèin:
Murchadh Moireasdan. Rugadh tu
a' bhlianna thòisich na sgoiltean Beurla;
chuir an saoghal car-a-mhuiltean ri do linn
is chùm thu do ghrèim air le do chasan.
Tha do shùil dìreach, blàths 'na do chridhe,
d'inntinn air ghleus,
Gàidhlig shiùbhlach na naodhamh linn deug
a' co-sheirm ri Beurla 's Fraingeis;
gach nì air a' mheidh;
cha do chuir inbhe no aois sìos no suas thu.

24 DUINE CHAIDH ÀRACH ANN AN LEÒDHAS

Duine chaidh àrach ann an Leòdhas
cluinnidh tu sgal na gaoithe 'na ghuth,
agus tùchan na gaoith' deireadh Foghair
ag èaladh eadar goc is gàrradh;
tha a bhonaid m'a shùilean,
's tha na fèithean air an teannachadh:
na cuir casg air.
Gun teagamh tha corra dhuin' ann cuideachd
is gaoth air a stamaig,
's tha gaothairean ann mar ann an àiteachan eile.
Ach an uair a chì thu am bonaid teann
's na sùilean fèitheach,
tha seo thugad!

22 NOT AGE

It wasn't age that made my hair turn grey
but listening to stories of the War,
and talk about Brevig Pier,
and the pious prattlers of the Little Brown Isle of the Wind.

23 MURDO MORRISON, 1872-

Not many like you
in Christendom,
nor even in Lewis itself:
Murdo Morrison. You were born
the year the English schools began;
the world turned a somersault in your time
and you kept a grip on it with your feet.
A straight eye, warmth in your heart,
a mind well tuned,
fluent nineteenth century Gaelic
in harmony with English and French;
all things in balance;
neither position nor age put you up or down.

(Murdo Morrison was Director of Education in Inverness-shire for many years).

24 A MAN REARED IN LEWIS

With a man reared in Lewis
you can hear the whip of the wind in his voice,
and the husky wind of late autumn
stealing between stack and wall;
his bonnet down over his eyes
and his sinews taut:
don't check him.
Right enough there are a few too
suffering from flatulence,
and there are windbags there as elsewhere.
But when you see the taut bonnet
and the sinewy eyes
look out!

25 STÈIDHICHEAN LÀIDIR

Tha do stèidhichean làidir
anns a' mhuir shàthach sin tha bualadh
's a' suathadh 's a' bragail,
cnap muil air clàr creige.
Do bhallachan air an eagadh
's air a snaidheadh
le locair na mara,
le cruaidh na gaoithe.
Sitheanan a' fàs orra,
blàth air a' chreig,
is bileagan milis feòir.
Tha do chlachan-oisinn daingeann:
An Rubha Dubh, A' Chàbag, An Gallan;
tha do fhreiceadain-cuain 'nan dùisg.
Nuair a dh' fhuilig thu spòltadh nan tonn sin
fuiligidh tu obair mhic-an-duine,
teampall is eaglais is mosque;
thog Nàdur a mhinaret ort,
tha na tuinn ag ùmhlachd aig altair do stallachan,
tha 'n fhaoileag a' frithealadh na h-èifhreann,
tha 'n ùrnaigh air a sleuchdadh ann an cop a' chladaich.

26 CREUTAIREAN BORBA

Muir uaine os cionn na gainmhich,
madainn shamhraidh os cionn na blianna:
chì mi fodham
na creutairean tha a' gluasad anns an fhuil
le sithidhean borba,
a' stad fo chloich, 's a' leum ás an dorchadas,
's a' laigh air a' ghainmhich ghil;
nach do stòlaich tonn no tìm,
nach do shàsaich aois no àis,
dearg anns a' mhuir dhearg sin,
anns a' mhuir bhorb
a tha 'na laighe uaine
air gainmheach gheal.

25 LEWIS

Your foundations are strong
in that thrusting sea that thuds
and strokes and cracks,
pebble mass on level rock.
Your walls are notched
and carved
by the plane of the sea,
the chisel of the wind.
Flowers grow on them,
blossom on the rock,
and blades of sweet grass.
Your corner-stones stand firm;
Tolsta Head, Càbag, Gallan Head;
Your sea-watchmen are awake.
Having withstood the mauling of these waves
you can suffer man's work,
temple and church and mosque;
Nature has built on you its minaret,
the waves kneel at the altar of your cliffs,
the seagull celebrates the mass,
the prayer is prostrated in the foam on the shore.

26 SAVAGE CREATURES

Green sea over sand,
a summer morning above the year:
I see below me
the creatures that move in the blood
with savage thrusts,
stopping under a stone, and leaping out of the darkness,
lying on the white sand;
that neither wave nor time has tamed,
that neither age nor wisdom has satisfied,
red in that red sea,
in the savage sea
that lies green
over white sand.

27 OBAIR NA H-IOLAIRE

Iolaire a' seòladh os cionn beanntan Uige:
air rathad Bhrèidhnis chunnaic i cailleach dhubh,
le plèid an àite caille;
am Baile na Cille
chunnaic i fear a' cur air falbh "phools";
ann a Bhaltos
bha iad a' taghadh Bannrigh na Bòidhchid;
ann a Miabhaig bha fear á Inbhirnis
ag iarraidh orra Gàidhlig a chleachdadh;
ann an Càirinis
chuala i sailm á taigh-fhaire;
is thuirt i rithe fhèin
"Tha m'obair a seo crìochnaichte.
Theid mi Lunnainn 's gun toir iad crìochan ùra dhomh."

28 REANGAN AN EATHAIR

Reangan an eathair anns a' ghainmhich—
thuirt a' chailleach rium, "Carson nach bitheadh?
Tha a là seachad. Cha chuir sàthadh na mara
sùgh troimh na seann phòraibh sin.
Leig seachad i,
caomhain do dheòir airson tè ùir."
Ach tha màthair-uisge nan deur sin
a tha a' tighinn bhon chridhe
glaiste air chùl nan còig blianna fichead.
Tha sùghadh a' chuain sin
a' tiormachadh mo chuimhne.
Tha eagal orm
lasair o m' eanchainn a chur ris an t-seann chrannlach ud.

27 THE EAGLE, SAILING OVER THE UIG HILLS

The eagle, sailing over the Uig hills,
saw on the road at Brenish a nun
wearing a plaid instead of a veil;
at Baile na Cille,
it saw a man posting his pools;
in Valtos
they were choosing a Beauty Queen;
in Miavaig, a man from Inverness
asked them to speak Gaelic;
in Carinish,
it heard psalms sung at a wake;
and it said to itself
"My work here is done.
I shall go to London and get fresh orders."

(There was a nunnery at one time in this part of Uig).

28 THE RIBS OF THE BOAT

The ribs of the boat lie in the sand—
the old woman said to me, "Why not?
Her day is over. The thrust of the sea
cannot sent sap through these old pores.
Let her be,
spare your tears for a new one."
But the spring of the tears
that come from the heart
is locked behind these twenty-five years.
The ebbing of that sea
dries up my memory.
I am afraid
to set a torch from my brain to that old timber.

29 DÙSGADH

Dùsgadh!
Abair gu bheil feum air dùsgadh anns a' chladh seo.
Tha fear san oisinn thall rinn ainm dha fhèin
leis an eòlas a bh'aige air teinntean Ifrinn;
fear eile aig a robh searmoinean Spurgeon
air a theanga;
fear a thainig dhachaigh le creud coimheach
a fhuair e air bruaichean Chluaidh,
is fear eile chaidh cho fada ri Plymouth;
tha duineachan briathrach fon chloich sin
a chaidh domhainn anns an t-soisgeul a-rèir Mharx—
cha do leugh e facal Gàidhlig 'na bheatha.
O, nan tigeadh soisgeulaiche
a lorgadh ceann-teagaisg air na seann chreagan seo,
anns a riasg donn,
ann a flùraichean na machrach,
nar cainnt fhìn.

30 NA TRÀLAIREAN

Bidh iad ag ràdh gu sgrìob na tràlairean
an grunnd uile.
Bha iad an dè sa' Bhàgh a Tuath;
chan eil fhios dè thogas ceann an ath-sheachdain
air cidheachan Obair-Dheadhain is Fleetwood—
no air deasc mhòr Rùnaire na Stàit an Dun-Eideann.
Sgoiltean Uige 's dòcha,
muilinn-chlò á Siabost,
giomadairean Bheàrnaraigh,
factoraidh-feamad á Ceòs.
Ach, O chlann, na biodh eagal oirbh,
tha na bàtaichean-freiceadain gur dìon,
gheibh sibh adagan gu leòr,
mas e adagan tha dhìth oirbh,
O adagan!

29 RE-AWAKENING

Re-awakening!
Indeed there's need for it in this cemetery.
There's a man in that corner who made a name for himself
by his knowledge of the fires of Hell;
another who had Spurgeon's sermons
off by heart;
a man who brought home an outlandish creed
he found on Clydeside,
and another who went as far as Plymouth;
there's a talkative mannikin beneath that stone
who drank deep of the Gospel according to Marx—
never read a word of Gaelic in his life.
O for an evangelist
who would find a text on these ancient rocks,
in the brown peat,
in the flowers of the machair,
in our own tongue.

30 THE TRAWLERS

They say the trawlers sweep
the ground clean.
They were in Broad Bay yesterday;
who knows what will appear next week
on the quays of Aberdeen and Fleetwood—
or on the huge desk of the Secretary of State in Edinburgh:
the Uig schools perhaps,
a tweed-mill from Shawbost,
lobster-men from Bernera,
a seaweed factory from Keose.
But O, children, have no fear,
the Fishery Cruisers will protect you,
you will get plenty haddock,
if it is haddock you want,
O haddocks!

31 OCHAN, A DHÒMHNAILL CHAIM

Ochan, a Dhòmhnaill Chaim,
Nam b'ann an diugh a bha thu gleidheil beanntan Uige
cha bhiodh tu cho falamh 's a bhà thu aig a' cheann thall:
gheibheadh tu taigh bhon a' Bhòrd is subsadaidh bho Choimisean
nan Croitearan.

32 CUTHAG IS GOCOMAN

Hileabhag, hoileabhag, ho oro ì
Chuir cuthag á nead m'òige mì.

Cuime rèisd a mholainn cuthag,
b'fheàrr gu mòr mi mholadh cathaig.

Ciod e 'n t-ainm a bh'air a' chuthaig?
Foghlam Beurla is Cion-diutha.

C'ás a thàinig an t-eun dona?
Taobh Dhun-Eideann 's mach bho Lunnainn.

'S tha 'n gocoman a-mach á sealladh,
ann am Bothan 's e gha dhalladh.

33 AIR CÙL SHUARDAIL

Gu h-àrd air a' chreig sin,
air cùl Shuardail,
os cionn a' chladaich
far na rinn sinn maorach
air latha samhraidh
bho chionn fhada,
shaoilinn gu faicinn gach nì soilleir;
tha an àile ciùin gun teagamh,
an t-ionad àrd, am muir sàmhach,
gràdh 'na mo chridhe, chan eil an t-eagal
a' cur sgàth orm,

31 DONALD CAM, MY BOY

Donald Cam, my boy,
if you were to keep to the Uig hills now
you would have more to show for it than you had:
a house from the Board, and a subsidy from the Crofters Commission.

32 CUCKOO AND LOOK-OUT-MAN

Heelivack, holivack ho oro west
a cuckoo's driven me out of my nest.

Why then should I praise the cuckoo,
why not some other bird from the zoo?

By what names was the cuckoo called?
English Schooling and Buggar-you-all.

Tell me where did the bad bird come from?
Embro Toun and up from London.

And the look-out-man struck off the list,
in a Bothan, absolutely pissed.

(The nonsense words in the first line link up with 18th-century songs, put in the mouth of mavises, etc., in praise of particular districts in the Highlands).

33 BEYOND SWORDALE

High on that cliff
beyond Swordale,
above the shore
where we gathered shellfish
on a summer day
long ago,
I would expect to see things clearly;
the air is mild, indeed,
the place high, the sea still,
love in my heart, no fear
casts a shadow on me,

tha Rubha na Circe bàn,
tha na reubairean air teicheadh.
Ach cluinnidh mi 'n t-òrd aig Thor
fhathast a' cnagadh,
tha eud is murt is cràdh
a' reubadh 's a' sgathadh,
's an gràs a bheireadh sinn á diachainn
air a dhùnadh ann am broinn fiasgain.

34 NA CANADH DUINE

Na canadh duine gun do chuir mi cùl riut
ged a thionndaidh mi air falbh,
ged a leig mi ás an còrd;
bha am bann sin domhainn
'nam fheòil. Na canadh iad,
ged a bha m'ùrnaigh balbh,
nach robh mi ag iarraidh rèite.
Glaiste ann an ùir mo bheatha
tha slighe a' bheathachaidh sin gam ionnsaigh,
an còrd a tha a' gleidheil a' chòrdaidh.

35 AN GLASCHU

Oidhche Shathuirn air Stràid Jamaica
is feasgar na Sàbaid air Great Western Road,
a' coiseachd 's a' coiseachd anns an t-saoghal ùr;
sìtheanan anns na gàrraidhean,
giobal 's an deoch air ann an doras bùthadh,
an Soisgeul a' tighinn rèidh ás a' chùbainn;
"Eil fada bho nach d'fhuair sibh bhon taigh?"

Is gaoth nan clobhsaichean,
is fasgadh ann an oisinn,
gaoth an iar-'eas le teanga fhliuch,
buntàta 's sgadan,
tiormachd na mine an cùl na h-amhach,
glagadaich ann an gàrradh nan soithichean,
a' chailleach a' gearain air prìs an èisg;
"Bi 'g òl ruma 's na bi sgrìobhadh dhachaigh."

Kirk Point is bare,
the reivers gone.
But I hear Thor's hammer
thudding still,
jealousy, murder, pain
rending and cutting,
and the grace that would save us in the tussle
shut away in the innards of a mussel.

34 LET NO ONE SAY

Let no one say I turned my back on you
although I turned away,
although I let the cord go;
that bond was deep
in my flesh. Let them not say,
although my prayer was dumb,
that I did not desire atonement.
Locked in the earth of my life,
that duct of sustenance comes to me,
the cord that preserves accord.

35 IN GLASGOW

Saturday night on Jamaica Street
and Sunday evening on Great Western Road,
walking, walking in the new world;
flowers in the yards,
a young fellow, tight, in a shop doorway,
the Gospel coming quietly from the pulpit;
"Is it long since you heard from home?"

And the wind in the closes,
taking shelter in a corner,
a wet-tongued south-west wind,
potatoes and herring,
meal-dryness in the back of the throat,
a clatter in the shipyard,
the landlady complaining of the price of fish;
"Drink rum and don't write home."

An daorach air Stràid Jamaica,
an traoghadh air Great Western Road,
an Soisgeul anns a' ghàrradh,
sitheanan anns a' mhuilinn-fhlùir,
a' chailleach anns a' chlobhs,
is tiormachd ann an cùl na h-amhach;
"BHEIL FADA BHO NACH D'FHUAIR SIBH BHON TAIGH?"

36 "BHEIL CUIMHN' AGAD...?"

"Bheil cuimhn' agad..."
—seo air bus ann a Sauchiehall Street—
ars esan, "an là bha sinn anns a' mhòine...?"
Tha. 'Na mo chuis-bhùirt ann am meadhon Ghlaschu,
ann am meadhon mo bheatha,
ann am meadhon Alba,
'na mo shuidh air prugan
a' toirt riamhaichean calcais ás a chèile.
Taing do Dhia gu bheil teine 'na mo bhroinn fhathast.

37 A' DANNS'

A' danns' a' dannsa fon a' ghealaich,
a' ghealach fhuar nach fhàg a faileas,
a' ghealach chuireas sinne dhachaigh,
danns' 's a' danns' 's an oidhche fada;
's fhada leam a' ghealach fhuar,
an oidhche bhuairidh is am fallas,
's fhada bhuam an ceòl a ghluais
an crìdh 's a' chluais is mi 'nam bhalach.

Jamaica Street plastered,
a dry throat on Great Western Road,
the Gospel in the Garden,
flowers in the meal-mill,
the old woman in the close,
and dryness at the back of the throat;
"IS IT LONG SINCE YOU HEARD FROM HOME?"

36 "DO YOU REMEMBER ...?"

"Do you remember ..."
—this on a bus in Sauchiehall Street—
said he, "the day we spent at the peats?"
Yes. Making an ass of myself in the middle of Glasgow,
in the midst of my life,
in the midst of Scotland,
sitting on a tuft of moor-grass
teasing out peat fibres.
Thank God I have fire in my belly still.

37 DANCING

Dancing, dancing under the moon,
the cold moon that casts no shadow,
the moon that accompanies us home,
the night long and dancing, dancing;
I long for the cold moon,
the tempting night and sweat in the nostrils,
far away is the music that moved
the heart and the ear when I was a boy.

38 COTRIONA MHÒR

Tha do dhealbh ann an cùl m' inntinn
gun sgleò air,
daingeann, suidhichte
a-measg nan ìomhaighean briste,
a-measg a luasgain,
gun aois a' laigh air ach an aois a bhà thu,
clàr mòr an aodainn mar ghleoc air stad
air madainn Earraich,
gam chur ri uair a' bhaile
leis a' ghliocas sin
nach robh an eisimeil leabhraichean,
leis an àbhachdas, leis a' ghearradh-cainnt
a bha a' leum á cridhe a' chinnidh
mus deach a chèiseadh,
mus deach a valve ùr ann
a chumadh ag obair e anns an t-saoghal ùr.
Siud iuchair mo mhuseum,
an clàr air an cluich mi mo bheul-aithris,
an spaid-bheag leis an dùisg mi fonn
na linne a tha nise seachad,
an ìomhaigh tha cumail smachd air na h-ìomhaighean-brèige.

39 IS CHUNNA MI THU 'NA DO BHÀTA

Is chunna mi thu 'na do bhàta
am meadhon na mara,
na lìn ann am pasgadh 's tu feitheamh ri cur.
Shaoil thu gu robh an sgadan pailt
romhad, ga shnìomh anns a' chlàr uaine,
caitean air cur is dlùth,
ach bha thu ceàrr.
Nuair a sheall thu a-rithist
cha robh ann ach cnàmhan an èisg,
's bha do làmh fuar fon a' phairilis.
Nuair a thug mi sùil eil' ort
chunnaic mi d'ainm sgrìobht ann a litrichean mòra
METAGAMA.

38 COTRIONA MHÒR

Your picture is at the back of my mind
undimmed,
steady, set
among the broken images,
amid the movements,
untouched by age except the age you were,
the great round of the face like a clock stopped
on a Spring morning,
keeping me to the village time
with that wisdom
that flourished without books,
with the fun, the cleverness-with-words
that leapt from the heart of the race
before it was encased,
before it had the new valve in it
to keep it going in the new world.
That is the key to my museum,
the record on which I play my folklore,
the trowel with which I turn the ground
of the age that is now gone,
the image that keeps control over false images.

39 AND I SAW YOU AS A BOAT

And I saw you as a boat
in the middle of the sea,
the nets coiled ready for casting.
You thought the herring were thick
in your path, woven on the green,
nap on warp and weft,
but you were wrong.
When you looked again
there was nothing but herringbone
and your hand cold in paralysis.
When I looked at you again
I saw your name written in large letters
METAGAMA.

(The *Metagama* was the most famous of the emigrant ships to leave Lewis in the early 1920s).

40 NA LOCHLANNAICH A' TIGHINN AIR TÌR AN NIS

Nuair thàinig a' bhirlinn gu tìr,
nuair a tharraing iad i
air gainmheach a' Phuirt,
ged a bha am muir gorm,
's a' ghainmheach geal,
ged a bha na sìtheanan a' fàs
air dà thaobh an uillt,
is feur gorm as na claisean,
ged a bha ghrian a' deàrrsadh
air bucaill nan sgiath,
air na clogadan,
is àile liathghorm an eòrna air na h-iomairean,
ged a bha sin mar sin
is sian nan tonn air an cùlaibh,
an t-sùlaire a' tuiteam á fànas,
is cop air bainne blàth na mara,
bha eagal orra.

Ach chaidh iad a-steach dhan an tìr,
is fhuair iad taighean,
is boireannaich,
is teaghlaichean,
is bhuain iad an t-eòrna,
is chuir iad an t-eòrna,
fhuair iad eun ás a' phalla,
is iasg á fairge,
thug iad ainmean air creagan 's air clann,
is lìon iad na saibhlean,
agus dh'fhalbh an cianalas.

40 THE NORSEMEN COMING ASHORE AT NESS

When the galley touched the shore,
when they hauled her up
on the sand at Port,
though the sea was blue,
and the sand white,
though flowers grew
on both banks of the burn,
and green grass in the ditches,
though the sun shone
on the buckles of their shields,
on their helmets,
and there was a grey-green haze of barley on the fields,
though that was how things were,
and the roar of the waves was behind them,
the solan plunging out of space,
and foam on the warm milk of the sea,
they were afraid.

But they went up into the land,
and got houses,
and women,
and families,
and they cut the barley,
and sowed the barley,
took birds from the rock ledges,
and fish from the sea,
gave names to rocks and children,
and filled the barns,
and their homesickness went away.

41 MURDAG MHÒR

A' gluasad air rathad corrach
le ceuman troma,
cnap beag dubh,
sùil air bhiod am bodhaig sgìth,
a' tighinn dhachaigh bhon a' chutadh,
's a' bhò ri bleoghan,
buntàta ri phriogadh,
norradh cadail 's a' bhò ri bleoghan,
is rathad Steòrnabhaigh a-rithist.

Bha thu fad air falbh
bho mo thuigse,
eadhon anns an là sin;
tha thu 'n diugh
mar dhuine bha beò ri linn Chrìosda,
a' feitheamh ri làmhan an lighiche,
ris an ol'-ungaidh,
a' coiseachd troimh do Ghilead,
troimhn a' chàthair rèisgte.

'Na mo thùr aolaichte
bidh uinneag troimh 'm faic mi an sealladh sin:
na biodh mo làmh ro chrìon fhad 's tha ol'-ungaigh agam.

42 AIG A' MHATCH

Gaoth fhuar air cùl mo chasan
's fàileadh na fax 'na mo chuinnlean,
geansaidhean snàth;
bodach le peitean mòr,
's ceannaiche le seacaid;
gàir chlann-nighean;
"Goal, a sheanmhair!"

Tha Blàr a' chanaich fo bhlàth.
Dhùisg siud gluasadan 'nam fheòil
a bha mi 'n dùil a laigheadh sàmhach
fhad 's a leanadh peiteanan mòra,
is geansaidhean snàth,
is clann-nighean aighearach a' cnàmh.

41 MURDAG MHÓR ("MUCKA")

Trudging along a rough road
with heavy steps,
dark, small and stocky,
darting eye in tired body,
coming home from the gutting,
the cow to be milked,
the potato patch to be weeded,
a wink of sleep and the cow to be milked,
and the road to Stornoway again.

You were far removed
from my understanding,
even then;
now
you are like someone who lived in the time of Christ,
awaiting the hand of the physician,
the anointing oil,
walking through your Gilead,
through the black skinned peat-land.

In my lime-washed tower
there will be a window from which I can see that sight:
let my hand not be niggardly while I have oil to give.

42 AT THE MATCH

A cold wind on the backs of my legs
and the smell of cigarettes in my nostrils,
woollen jerseys;
an old man with a sleeved waistcoat,
a merchant wearing a jacket;
girls' laughter;
"A goal, Granny!"

The cotton-grass plain in bloom.
That wakened movements in my flesh
that I thought would be still
for as long as long-sleeved waistcoats,
and woollen jerseys,
and lively girls go on mouldering.

43 ANNS AN EAGLAIS

Aon, dhà, trì,
cailleach dhubh a' bìogail,
ceithir, còig, sia,
boireannach a' sgiamhail,
seachd, ochd, naodh,
beucail nan laogh,
deich, a h-aon-diag,
tachais 'na mo chiabhaig,
ad mhòr mhollach
air Murdag Mhòr Shiadair.

Is Dòmhnall Rodaidh a' togail nan salm
ann am meadhon mo chunntaidh—
ga mo chur ceàrr.

Is fann, fann deàlradh na grèine
air an t-suidheachan fhada sin,
air an t-suidhe fhada,
fann seirm nan salm
fann sèis nan searmon:
tha uidhe m'fhadachd an àit eile.

44 LÀMHAN

Làmhan tha tigh'nn gu mo chuimhne a-nis:
tana, tioram, is cailc orr',
pliutan plaomach le fallas,
meuran odhar le niocotain,
ìnean sgàrlaid air ìghneagan.
Iad sin air iomall na cuimhne;
'na teis-meadhon
làmhan air amhaich coin,
air ceann balaich,
am muing eich,
air cliathaich bà;
làmhan am picil a sgadain,
an taois nan isean,
air sine, air ràmh,
air gruaidh naoidhein ris a' chìch.

43 IN CHURCH

One, two, three,
a black old lady chirping,
four, five, six,
a woman screeching,
seven, eight, nine,
calves bellow,
ten, eleven,
my side-burns tickle,
a big hairy hat
on Murdag Mhòr's head.

And Donald Roddy precenting the psalms
in the midst of my counting—
putting me wrong.

Pale, pale the sheen of the sun
on that long seat,
on the long sitting,
faint the sound of the psalms,
the rise and fall of the sermon:
the goal of my longing is in another place.

44 HANDS

Hands are what I remember now:
thin, dry, with chalk on them,
flabby sweaty fins,
fingers yellow with nicotine,
girls with scarlet nails.
These are at the edges of my memory;
right in the middle
hands on a dog's neck,
on a boy's head,
in a horse's mane,
on a cow's side;
hands in herring pickle,
in the chicken's mash,
on a cow's teat, on an oar,
on the face of a child at the breast.

Tha feur a' fás troimh na làmhan sin,
sàl ga suathadh,
ach fhad 's a mhaireas mise
bidh cuimhne ga slìobadh.

45 AIR OIDHCHE SHAMHRAIDH

Air oidhche Shamhraidh,
's an loch le mheanbh ghluasad dubharach fo bhrèid a' bhaile,
chuala mi còmhradh nan caileagan,
fada bhuam, a' falpanaich
air sgeirean a chaidh fodha aig tìd a' chogaidh:
brìodal anns an fheamainn,
stìom ga reubadh anns a' chladach,
is shuath mi a' ghaoir mhìn mhilis
ri mo chluasan bodhar,
chuir mi sìoda do stìom
air craiceann rocach mo làmhan
a chur casg air a' bhàs dhomh.

46 NUAIR A BHA SINN BEAG

Nuair a bha sinn beag
bhiodh sinn a' cluich air saighdearan;
nuair a dh'fhàs sinn mòr
bha saoghal eil' ann.
Ach nan robh 'n cothrom againn,
nan robh tancaichean ri ar làimh,
is gunnachan, is gas,
nan robh am bom mòr fo ar comas,
's gun smachd aig Dia oirnn a-nis,
dè dhèanamaid?

47 TACHAIS AN T-SLÀNACHAIDH

Tachais an t-slànachaidh 'na mo chridh, a-nis,
thainig sgreab air,
sguir e shùghadh;
chaith mi bhuam plàsd nam bliannachan;
tha mi dol a shreap a-rithist.

Grass grows through these hands,
salt water rubs them,
but as long as I last
memory will stroke them.

45 ON A SUMMER'S NIGHT

On a Summer's night,
the loch with its sad micro-movements lying
   under the kerch of the village,
I heard the girls' talk,
in the distance, lapping
on rocks that submerged during the War:
love-talk in the seaweed,
a snood being torn on the rocky shore,
and I rubbed the soft, sweet penetrating cry
on my deaf ears,
I laid the silk of your snood
on the wrinkled skin of my hands
to check death's coming.

46 WHEN WE WERE SMALL

When we were small
we used to play at soldiers;
when we grew up
the world was a different place.
But if we had the chance,
if we had the tanks to deploy,
and guns, and gas,
control of the big bomb,
with God no longer disciplining us,
what would we do?

47 THE HEALING ITCH

There is a healing itch at my heart now,
a crust has formed,
it has stopped leaking;
I have thrown away the plaster of many years' standing;
I am going out to climb again.

48 AM MAC-STRÒDHAIL A' BRUIDHINN RI TÌR A BHREITH AGUS ÀRAICH

Ma rinn mi ceàrr
na bi ro chruaidh orm,
na cuir do ghath a sàs,
na rèisg mi air sailthean do ghliocais;
agus ged is mise 'm mac-stròdhail
na marbh do mhart dhomh,
na cuir m'fheòil-shaillt thugam a Ghlaschu,
oir chan eil mi dol a thilleadh air an t-Samhainn seo,
's na marbh do ghamhainn dhomh.
Agus ma rinn mi ceart
na leig guth ort.

49 AN GALAR

Tha 'n ceòl a-nis air rathad cian,
tha bhanais anns a' bhail' ud thall,
an gad èisg gu taigh duin' eile,
an t-seòbhrach a' crìonadh,
an t-eilean 'na spot air gloinne prospaig.

Nuair a chaidh thu air falbh
leis a' chabhaig sin,
dhùin siud mo shùilean-sa cuideachd,
cha deanainn mo rathad,
bha 'n cathadh ga mo dhalladh,
cha tog aiteamh bho thuath mo dhòchas.

Chaidh mi mach á tarraing do phlanaid,
chan eil mo cheum trom, ged is trom am meadhon-latha,
air na ròidean eòlach sin,
tha mi seòladh ann a fànas leam fhìn.

Chan eil math bhith gearain:
tha greis on thòisich an galar,
's mura bitheadh an galar sin
bhiodh galar eil' ann.

48 THE PRODIGAL SON SPEAKS TO THE LAND OF HIS BIRTH AND UPBRINGING

If I did wrong
do not be too hard on me,
do not turn the knife in me,
do not reest me on the rafters of your wisdom;
and though I am the Prodigal
do not kill your beast for me,
nor send my portion of salt meat to Glasgow,
for I shall not return this Hallowtide,
and do not kill your heifer for me.
And if I did right
pay that no heed.

49 THE DISEASE

The melodeon is now on a far road,
the wedding in yonder village,
the string of fish goes to another door,
the primrose withers,
the island is become a spot on the glass of the binoculars.

When you went away,
hurriedly like that,
that closed my eyes too,
I could not make my way,
the drifting snow blinded me,
no thaw from the North raises my hopes.

I escaped the pull of your planet,
my step is weightless, heavy though middle age may be,
on these well-known roads,
I float alone in space.

There is no point in complaining:
it is some time since the disease began,
and were it not that disease
it would be another one.

50 NUAIR A THILLEAS MI

Nuair a thilleas mi
bidh 'm bàrr-gùg air a' bhuntàt',
bidh 'n t-seillean a' crònan,
bidh bhò a' muathal gu eadradh
nuair a thilleas mi.

Nuair a ruigeas mi,
a' breith air làimh oirbh,
bidh fuachd na fàinne
air deàrn' an dòchais
nuair a ruigeas mi.

Nuair a laigheas mi
an com do charthannais,
thig an gug-gùg
's an o-draochan maille ris
an uair a laigheas mi.

'S an uair a dh' èireas mi
air a' mhadainn ud,
bidh 'n fhàinne sgealbt'
is a' bhò gun bhainn' aice,
's an t-eilean riabhach mar bu chiad aithne dhomh.

51 NUAIR A THIG AN DORCH

Nuair a thig an dorch
ort, a' toirt air falbh Mùirneag
's Beinn Phabail is Hòl,
nuair a bhios do chaoraich 'nan laighe,
am feur dorch ann am brù na h-oidhche,
's a' ghealach ùr gun èirigh,
tilgidh mi 'n t-ultach mhònach-s' air an teine
's ni e solas.

50 WHEN I COME BACK

When I come back
the potato flowers will be out,
the bees humming,
the cows lowing to milking
when I come back.

When I arrive,
shaking you by the hand,
the coldness of the ring
will be on the palm of hope
when I arrive.

When I lie down
in your kind breast,
the cuckoo will come
and wailing with it,
when I lie down.

And when I rise
on that morning,
the ring will be shattered
and the cow dry
and the dark-brown island as I first knew it.

51 WHEN THE DARK COMES

When the dark comes
over you, taking Mùirneag away
and Bayble Hill and Hòl,
when your sheep are lying,
the grass dark in the womb of night,
the new moon not yet up,
I shall throw this handful of peats on the fire
and it will make some light.

52 GED A THÀINIG CALVIN

Ged a thàinig Calvin
cha do ghoid e 'n gaol sin ás do chridhe:
thug thu gràdh
don mhòintich lachdainn, agus fhuair thu cràdh
nuair thugadh bhuat am fonn sin is am flùr,
's nuair chuireadh cist nan òran anns an ùir.

53 GED A THILLINN A-NIS

Ged a thillinn a-nis,
ged a chuirinn mo chas air tìr
air a' chidhe shùileach,
ged a shiùbhlainn sràid nan teanga,
cha bhiodh an tilleadh ann:
's fheàrr an fhìrinn innse.

Thàinig fìrinn thugam
mu innis na fìrinn;
chuimhnich mi air Bean Lot,
's an dèidh sin, an dèidh sin,
tha mi gu bhith 'na mo charragh-cuimhne.

A' chuimhne ga mo bheathachadh,
a' toirt orm fàs
anns an uaimh dhorch seo,
a' feitheamh tilleadh mara,
's a' crùbadh fo m' eallach
anns an uaimh uaine seo gun ghealach.

54 MO CHÙL RI MO CHEANN-UIDHE

Mo chùl ri mo cheann-uidhe
m'aghaidh ris na th'air mo chùl,
a' sìneadh 's a' tarraing
air an tobhta-sa,
beò-neart sàile fodham
fèithean fo chraiceann na mara,
m'eathair is m'aighear air an aon ràmh.

52 ALTHOUGH CALVIN CAME

Although Calvin came
he did not steal the love out of your heart:
you loved
the tawny moor, and suffered pain
when that land and the flower were taken from you,
and a coffinful of songs was laid in the earth.

53 THOUGH I WERE TO GO BACK NOW

Though I were to go back now,
though I were to step ashore
on the eyeing quay,
and walk the street of tongues,
there would be no return:
as well to tell the truth.

A truth came to me
about the righteous isle;
I remembered Lot's wife,
and yet, and yet,
I am going to be a memorial-pillar.

Fed by memory
which makes me grow
in this dark cave,
awaiting the turn of the tide,
and crouching under my load
in this green cave without moon.

54 MY BACK TURNED TO MY DESTINATION

My back turned to my destination,
facing what lies behind me,
stretching and pulling,
on this thwart,
live-strength of sea below me,
muscles under the sea's skin,
my boat and my joy pulling on the same oar.

55 AN EILEATROM

Solas Airnis air mo làimh dheis,
Mùirneag fo bhrat,
cuibhrig air Beanntan Bharbhais,
anart air Hòl,
grèim againn air an eileatrom
's i tulgadh 's a' tulgadh air bàrr cuimhne.

56 AN CEANN THALL

Seo an ceann thall, ma tha,
thàinig mi mach ás do theampall,
ás a' cheò chùbhraidh,
á tùis na h-ùrnaigh,
le mo bhilean loisgte,
le mo dhrùis coisgte,
chuir mi orm mo bhrògan
is leig mi dhìom do phògan,
chuir mi a' chuibhle
air falbh fon chuibhrig,
is thriall mi maille
ris a' chridh a chailleadh.

55 THE BIER

Arnis light on my right,
Mùirneag cloaked,
a coverlet on the Barvas Hills,
a shroud on Hòl,
we grasp the bier-poles,
rocking and plunging on the surface of memory.

56 THE FAR SIDE

This is the far side, then,
I have come out of your temple,
out of the fragrant smoke,
the incense of prayer,
with my lips burnt,
with my lust abated,
I have put on my shoes
and left your kisses behind,
put the prayer-wheel
away beneath the cover,
and gone on my way
with the heart I have lost.

Anns an Ospadal

ANNS AN OSPADAL

I

Thuirt iad gu robh càil ithe agad,
ach bha barrachd air a sin ann:
bha 'n t-acras ort
's an saoghal a' teicheadh ás do ghrèim;
rug thu air an t-slabhraidh
's chuir i car ma chaol an dùirn agad.

Teann, glaiste anns an taigh-dhubh
's tu faicinn do chomh-aoisean
cas-ruisgt a' dol chun na tobrach,
a' tilleadh leis a làdach:
ìota an t-saoghail ort
's am peile falamh.

A' coimhead a' bhalla—
an dèidh na saorsa, sùil air clachaireachd—
an glutadh ann an cùl na h-inntinn,
an ùireabac, an ùir
a bacadh na h-inntinn.

II

Cha do dh'fhaighnich thu man a' Fhraing
ged a bha thu ann uair;
is duilich gu bheil a' chuimhne
cho àilleasach 's cho beag diù.
Cha do dh'fhàg na claisean
an riach ris an robh dùil,
's ged bu mhath leam, cha chreid mi
gur h-e an gliocas buileach a mhùch an doimhne.
Na raointean còmhnard sin fo chorc is eòrna a-nis
far na rinn iad cogadh gu crìoch a chur air cogadh—
cha bu tu nad aonar a chaill do chuimhne.

IN THE HOSPITAL

I

They said your appetite was good,
but there was more to it than that:
you were hungry
and the world was slipping out of your grasp;
you seized the chain the pot hung from
and it twisted itself about your wrist.

Locked fast in the thatched house,
seeing your contemporaries
barefoot going to the well,
returning with the water-load:
desperate thirst
and the pail empty.

Watching the wall—
after freedom, inspection of mason's work—
the filling in the back of the mind,
the inter-wall packing of soil, the soil
stalling the mind.

II

You did not ask about France
though you were there once upon a time;
a pity that memory
is so choosy and so careless.
The trenches did not leave
the scar one had expected,
and though I would like to, I hardly think
it was wisdom entirely that blunted their depth.
These level fields under corn and barley now
where they fought a war to put an end to war—
you were not alone in losing your memory.

III

An dèidh an arbhair am fasgnadh,
an dèidh an fhàis an criathradh,
an sìol lom lìomhte, an learg,
gun ghuth air sìon, air grian, air gaoth,
gun ghuth air flùr, air crom-lus dearg,
an dèidh a' chrìonaidh an criathradh,
an dèidh an asbhuain am fasgnadh.

IV

A' tilleadh ás an ospadal,
leth-cheud doras dùinte agamsa,
is ceithir fichead is còrr agadsa,
smaoinich mi air dualchas is dleasdanas,
na sligheachan cumhang air a bheil sinn gar seòladh.
Thusa an dèidh do thurais
air muir farsaing, leis na thug thu air bòrd—
an dèidh na lainnir na lannan—
a' liùgadh a-nis anns an toll,
a' feitheamh aig crò na snàthaid.
Is smaoinich mi air a' bheatha
a thug mise seachad cuideachd,
a' sìoladh troimh 'n fheòil mheadhraich,
a' bheatha mhaireannach seo
air a bheil na dorsan a' dùnadh:
O, cùm do ghàire nuair a dh' fhàsas an t-slighe cumhang,
a nighean bheag a tha togail do shiùil
air muir gorm.

V

Na leapannan air gach taobh
's na daoine sàmhach unnta,
latha eile teannadh gu feasgar,
latha eile.
A' coiseachd troimhn a sgoil
bho rùm gu rùm, na sùilean ga leantainn,
na làmhan tighinn ás na pòcaidean;
na bloighean leughaidh,
an cunntadh a' fàs duilich.

III
After corn-harvest the winnowing,
after growth riddling,
the bare polished grain, the field,
with no hint of storm, of sun, of wind,
of flower, of red poppy,
after withering riddling,
after stubble winnowing.

IV
Returning from the hospital,
fifty doors closed for me,
more than eighty for you,
I thought of heredity and duty,
the narrow roads on which our sails are set.
You after your journey
on a wide sea, with all you brought aboard—
after the gleam the scales—
hiding now in the hold,
waiting at the needle's eye.
And I thought of the life
I too gave,
seeping through the joyous flesh,
this life everlasting
on which the doors are closing:
O keep your laughter when the road grows narrow,
little girl who are hoisting your sails
on a blue sea.

V
The beds on every side
and the people silent in them,
another day approaching evening,
another day.
Walking through the school
from room to room, the eyes following him,
hands being taken out of pockets;
the little bits of reading,
the counting growing difficult.

Am Maighistir a' feitheamh
aig doras na sgoile,
aig doras an ... aig an doras, ...
doras ... pòcaid ... feadag
...

VI
Cathair ri taobh na leapa,
fois an dèidh na h-iomagain,
cathair dhùinte,
na làmhan air oir na cùbainn,
an t-seinn a-nis pìos air falbh
Eaglais a' Bhac, Eaglais Gharraboist,
is Eaglais Liurboist,
an teinn a' falbh,
an cùbadh,
an t-seinn a' dlùthadh.

The Master waiting
at the door of the school,
at the door of ... at the door, ...
door ... pocket ... whistle
...

VI
A chair beside the bed,
peace after anxiety,
a closed chair,
the hands on the edge of the pulpit,
the singing some distance away now,
Back Church, Garrabost Church,
and the Church in Lurebost,
the constriction going,
the shrinking,
the singing sounding closer.

Saorsa agus an Iolaire

"WHO ARE THE SCOTS?"

Thainig fuachd an Earraich
anns na cnàmhan aosda againn,
deàrrsadh anns na cnuibheanan,
beagan de chrith anns na crògan,
's gun fhios carson
thòisich sinn a' bruidhinn air ar n-òige,
air an t-sealg a rinn sinn air an Fhoghar ud,
air a ruidhle dhanns sinn fo ghealach abachaidh an eòrna,
air an aodach mheileabhaid
's air a' ghrèim làidir
roimhn a' ghrèim seo thàinig
a bhreith air sgamhan oirnn.

A' tionndadh nan grìogagan
air an t-seann mheileabhaid
le na làmhan critheanach,
an crù air lapadh
's ar n-uaill anns a' chruan.

OLA

Nuair a bha mi beag
bhiodh bodach a' tighinn a bhùth mo sheanar
gach là laghail, a dh'iarraidh botal ola:
fear dhe na h-òighean glice 's dòcha—
cha deidhinn an urras nach e òigh a bh'ann co-dhiù—
a bha cumail sùgh ris an t-siobhaig;
bodach ait, a ghàire faisg air,
ach beagan de dh' eagal air roimhn an dorch.

Tha iad ag ràdh an diugh gu bheil an saoghal-bràth de dh'ol' againn
anns an dùthaich bheag seo—
bhig seo, bhog seo?—
gu bheil sinn air bhog ann a lèig ola.
Tha mi 'n dòchas gu ruig an t-siobhag oirre.

"WHO ARE THE SCOTS?"

The Spring cold
penetrated our old bones,
our knuckles reddened
and our hands shook a little,
and not knowing why
we began to talk about our youth,
and the hunting we did that autumn,
the reel we danced beneath the harvest moon,
the velvet cloth
and the hard grip we had
before this pneumonia
gripped our lungs.

Turning the beads
on the old velvet
with shaky hands,
the blood thinning,
taking a pride in enamel.

OIL

When I was a boy
an old man used to come to my grandfather's shop
every lawful day, for a bottle of oil:
one of the wise virgins perhaps—
a virgin in any case, I dare say—
who kept the lamp-wick wet;
a jolly old man, ready to laugh,
but a little afraid of the dark.

They say now that we have an eternity of oil
in this little land—
this toty, flabby land?—
that we are afloat on a lake of oil.
I hope the wick can reach it.

FUIL

A' coiseachd anns a' chiaradh seo
air na stràidean breaca,
seachad fiar air na taighean leth-fhalamh
far a bheil daoine a' coimhead TV,
a' leantainn an t-solais troimh na h-uinneagan cumhang,
a' coiseachd troimh na sgàilean,
troimhn a stoirm a tha bualadh
air aeriailean nan taighean,
troimhn a' bhriseadh-dùil
agus na geallaidhean briste
air na cagailtean sgailcte,
chunnaic mi fuil air a' bhalla.

Ach bha eagal orm
nach b'e fuil Chrìosd a bh'ann,
no fuil an Iùdhaich a' dìon Ierusalem,
no fuil na h-asaid 's làn na beatha ùir ann.

AIRSON BOB MACDOUGALL

Chunnaic mi duine a' coiseachd an rathaid
's a' bualadh nan dorsan,
chunnaic mi duine le buill' air a chridhe
a' bualadh nan inntinn.

Chunnaic mi bean agus taois air a làmhan,
's i tairgsinn na taois ud
mar phlàsd air a' chridhe san cualas a' bhuille
bha goirt air an inntinn.

Chunnaic mi 'ghoirt is i coiseachd na stràide
's a' diùltadh na taoise,
uaill agus aoibhneas a' spreigeadh nan casan
air cabhsair a' bhualaidh.

Chunnaic mi thu agus gràdh 'na do shùilean,
do làmhan is grèim ac'
air iuchraichean troma a dh'fhosgladh ma dheireadh
doras na rìoghachd.

BLOOD

Walking in the dusk here
in the pock-marked streets,
half-turned from the half-empty houses
where people are watching TV,
drawn by the light through the narrow windows,
walking through the shadows
through the storm that breaks
on the aerials of the houses,
through the disappointment
and the broken promises
on the smashed hearths,
I saw blood on the wall.

But I was afraid
that it was not Christ's blood,
nor the blood of the Jew defending Jerusalem,
nor the blood of childbirth in new life's full flood.

FOR BOB MACDOUGALL

I saw a man walking the road,
and knocking the doors,
I saw a man with his heart-beats
knocking on minds.

I saw a woman with mash on her hands
and she offered that mash
to poultice the heart whose audible beat
was sore on the mind.

I saw hunger walking the street
refusing the leaven,
pride and joy inciting the feet
on the pavement of beating.

And I saw you with love in your eyes,
and your hands grasping
the heavy keys that at last would open
the door of the kingdom.

ALB'-CHALG

Doirb
a' siubhal fo m' chraiceann—
tha an leabaidh teth le aislingean
's am balla air chrith.

Gath
bhon taobh a-staigh,
ceòl coirbte
is teine dearg.

Lorg
spòig air sgòrnan,
fuil-chath tais
's an t-sùil sgìth.

Fèath
air a' mhuir dhubh,
calg-eòrna air uachdar creuchd
's an oidhche a-rithist.

Alb'-chalg a bh'ann—
cha dean Galla-phlàsd feum dha.

RABHADH

A' feitheamh aig aon uair deug
le làmhan geala,
a' feitheamh asaid
le làmhan geala geala,
le geimhlean gaoil
ag iarraidh a bhith a' gearradh,
's an t-aon uair deug, an t-aon uair deug
a' diogadh.

Làmh dhearg, làmh dhearg,
sluagh-ghairm a' tighinn am faigse,
am pian, am pian,
am bùrn a' dol a bhristeadh,

SCOTS-STAB

Vermicule
working under the skin—
the bed is hot with visions
and the wall shakes.

Shaft
from within,
perverse music
and red fire.

Mark
of paw on throat,
moist blood-battle
and tired eye.

Calm
on the black sea,
barley-awn on wound surface
and night again.

Scots-stab it was—
foreign-plaster doesn't help it.

WARNING

Waiting at eleven
with white hands,
waiting the birth
with white, white hands,
bonds of love
wanting to cut,
while the eleventh hour
ticks.

Red hand, red hand,
the battle-cry comes nearer,
the pain, the pain,
the water almost breaking,

an tuagh, an tuagh,
an tuath a' dol a dhùsgadh,
an dùthaich beò
's an t-sròl air luchd an dùsail.
An t-aon uair deug a' diogadh fon an ùrlar,
is gliong an òir, is buidhre sainnt ga mùchadh.

DÀN NA ROINN-EÒRPA

Tha an t-sràid glas,
dara là na blianna th'ann,
an dè "chaidh sinn a-steach" dhan Roinn-Eòrpa
air cùl Heath 's e cluich air an òrgan,
air a' mhouth-òrgan;
ach an diugh
feumaidh smuaintean eile bhith againn.
Latha glas ann an Glaschu
faisg air toiseach na blianna,
beagan nas fhaisg air an t-sìorraidheachd,
ach feumaidh smuaintean eile bhith againn.
Latha gu òl is latha gu padhadh,
's an ceòl air fàs goirt,
is là a' coimhead nam beanntan
o'n tig ar neart,
beanntan nan Alpaichean gu ar dìon
bho threubhan borba na h-Eadailt,
is gu na h-Eadailtich a dhìon
bho threubhan borba Shasainn,
ach feumaidh smuaintean eile bhith againn.
Cha bhi fear gun dà chràdh
ach fear gun ghràdh idir:
gràdh dhaoine is gràdh dùthcha,
agus fòghnaidh an smuain sin
air latha glas
ann an Glaschu.

the axe, the axe,
the people almost waking,
the land alive
satin on those who're drowsy.

Eleven p.m. ticking under the floor,
drowned by deafness of greed, tinkle of gold.

POEM OF EUROPE

The street is grey,
2nd January it is,
yesterday we "entered" Europe
behind Heath, playing the organ,
the mouth-organ;
but today
we must think of other things.
A grey day in Glasgow,
close to the start of the year,
a little closer to eternity,
but we must think of other things.
A day for drink and a day for thirst,
music grown bitter,
and a day to look at the hills
from which our strength comes,
the Alps to guard us
from the savage tribes of Italy,
and to guard the Italians
from the savage tribes of England,
but we must think of other things.
Everyone suffers two pains
except the one who has no love at all:
love of mankind, love of country,
and that thought will suffice
on a grey day
in Glasgow.

SGEULACHD ALBANNACH

Bha 'm poca-salainn sgìth,
fad a latha fiachainn ri seasamh dìreach
gun smior caillich ann;
is fad an là an dè
ga reic fhèin 'na shiùcar
's cha cheannaicheadh duin' e;
's a' bhòn-de
a' leigeil air gur h-e min-eòrna bh'ann,
's nan cuirist am bogadh e
gu sàbhaileadh e dhùthaich
le na choisneadh e de dhiùtaidh;
an là roimhn a sin
chaidh e 'na phoiliosman
aig Taigh nan Cumantan
is b'iomadh bumaileir
a chunnaic e ga dhalladh—
b'e sin a chuir 'na shealladh
fiachainn 'na mhin-eòrna;
a-màireach dh'fhiachadh e dhan Arm
is cheannsaicheadh e Eirinn
's a' Chuimrigh nam b'fheudar
mar a rinn Cailean Mitchell ann an Aden;
ach mar a biodh sin math gu leòr,
an earar, nam biodh e air a chùmhnadh,
dheigheadh e air a ghlùinean,
a dh'imlich nam brògan a bha ga mhùchadh;
agus thigeadh an uair sin an seachdamh là,
là a' phoca-shalainn.

A SCOTTISH STORY

(This poem concentrates on the spider rather than on Bruce.
One of the names in Gaelic for a spider is "a poke of salt").

The Poke-of-salt was weary,
all day trying to stand upright
with no backbone in him;
and all day yesterday
selling himself as sugar
but with no takers;
the day before
pretending he was barley,
saying if he were soaked in water
he would save the country
with all the duty he would earn;
the previous day
he became a policeman
at the House of Commons,
and saw many an ass
soaked there—
that was what gave him the idea
of turning himself into barley;
tomorrow he would enlist in the Army,
and subjugate Ireland,
and Wales too if need were,
as Colin Mitchell did in Aden;
but if that were not enough
the next day, if he were spared,
he would go on his knees
to lick the boots that were trampling him;
and then would come the seventh day,
the Poke-of-salt's day.

FÒGHNAN NA H-ALBA

Tha am fòghnan a' fàs ann a leas,
ùir dhubh mun cuairt air,
air a dheagh ghabhail uime,
an ùir air a glanadh,
ri thaobh, feur na faiche
air a bhearradh gu cuimir;
's e fhèin 'na sheasamh ann a sin
'na aodach-Sàbaid, cho grinn,
speiseanta, dìreach,
gun lùbadh a-null no nall,
gun dragh ga chur air flùraichean eile,
na frioghanan beaga cho modhail,
mar gum b'e 'n H.L.I. air parade.
Cha robh dùil 'am ri boladh làidir
bho fhlùr fòghnain, ach chaidh mi null
a dh'fhaighneachd, mar gum b'ann,
is chrom mi mo cheann,
is bhuail 'na mo chuinnlean
fàileadh *Old Spice*.

Ach tha mi mionnaichte
gu bheil fòghnanan fhathast a' fàs
a-measg chreagan,
is fàileadh na gaoithe dhiubh.
Tha mi dol air an tòir.

ARMANN

Fear de dh'àrmainn Mhuile is dòcha
ann a linn eile,
Iain Mac 'IllEathain;
ach thilg eachdraidh do dhaoine
a chath ás ùr thu;
iolach a' Ghaidheil
a' tighinn á cliabh na Galldachd;
nam biodh seasmhachd ás a lasair
sgrìobhte "Saorsa" air nèamh Alba fhathast.

THISTLE OF SCOTLAND

The thistle grows in a garden,
black loam around it,
well cared for,
the soil weeded,
beside it the lawn grass
neatly cut;
and it standing there
in its Sunday clothes, so neat,
tidy, erect,
bending neither this way nor that,
not annoying other flowers,
the little prickles as polite
as the H.L.I. on parade.
I did not expect a strong scent
from a thistle flower, but went over
to enquire, as it were,
and bent my head,
and there impinged on my nostrils
the scent of *Old Spice*.

But I could swear
there are still thistles growing
among rocks,
with the scent of the wind off them.
I am going to look for them.

WARRIOR

In another age
you might have been a "warrior of Mull,"
John MacLean;
the history of your people flung you
into a new battle:
the Gael's exultant cry
coming from the chest of the Lowlands;
if only the flame lasted
it would write "Freedom" on Scotland's sky yet.

EARRACH '74

Tha crathadh de dh'aol anns an Earrach seo
air an talamh dhonn,
com na dùthcha sgìth
le mùchadh sneachda,
"caistealan liath' air a stormadh le iarann,"
ach crathadh aoil a-nis.
Ged tha toinneamh anns an fheur,
marbh-bhrat na blianna 'n uiridh,
tha 'm beò anns an ùir,
beò-aol bheir fhathast crathadh oirnn.

CEUD BLIANNA SA SGOIL

Ceud blianna sa sgoil
is sinn nar Gaidheil fhathast!
Cò shaoileadh gum biodh an fhreumh cho righinn?
Dhòirt iad eallach leabhraichean oirnn,
is cànanan, eachdraidh choimheach,
is saidheans, is chuir iad maidse riutha.
O abair lasair
de mhinistearan 's de mhaighstirean-sgoile,
de dhoctairean 's de dh'einnsinidhears,
profeasairean is luchd-reic-chàraichean,
ach aig ceann nan ceud blianna,
an dèidh gach greadain 's gach dadhaidh,
nuair a sguab iad an luath air falbh,
bha a fhreumh ann a sin fhathast,
fann-bhuidhe an toiseach.
Is minig a chunna sinn craobh a chaidh a losgadh—
A! 'sann le fun tha mi,
na biodh eagal oirbh a luchd-stiùiridh an fhoghlaim,
a chomhairlichean na siorrachd, is a' Bheurla cho math agaibh—
a' fàs—
siud sibh, sguabaibh a' chlann a Steòrnabhagh—
nas braise.

SPRING '74

(The year of the General Election . . .
with hindsight, two General Elections).

There's a sprinkling of lime this Spring
on the brown earth,
the land's breast weary
with suffocating snow,
"Grey castles reinforced with iron bars,"
but a sprinkling of lime now.
Though the grass is matted,
last year's dead mantle,
there is life in the soil,
quicklime that will shake us yet.

A HUNDRED YEARS IN SCHOOL

A hundred years in school
and we're Gaels still!
Who would have thought the root was so tough?
They poured a load of books on us,
languages, foreign history,
science, and put a match to them.
O what a blaze
of ministers and dominies,
doctors and engineers,
professors and car-salesmen,
but after a hundred years,
after each scorching and singeing,
when they brushed away the ash
the root was there still,
pale-yellow at first.
We have often seen a bush that was burnt—
I'm just joking,
have no fear, directors of education,
county councillors, with your fluent English—
growing—
that's right, centralise education in Stornoway—
faster.

RÌOMHADH

Ibhri?
Seall mar a tha an taigh seo againn air a sgeadachadh
le annasan cian an t-sealgair,
le cuimhneachain;
tha rùm air an sgeilp, air an dreasair,
son copanan, clàir pràis, is deilbh,
na ballachan air a rìomhadh le asbhuain Millet is tursachan Chalanais.
Deanamaid rìomhadh na h-inntinn coltach:
chan e mhàin bloigh fiosrachaidh mu Phlato,
Dante, Freud, Shakespeare,
cuimhneachan air Einstein,
modh do Voltaire,
ach mar an ceudna
Alasdair MacColla 's Mac Mhaighstir Alasdair,
Iain Lom is Iain Phàdraig,
agus, gu faobhar a chumail rithe,
Dòmhnall Munro,
gu fiacal an tuirc fhaireachadh nar socair,
Ivory.

ADORNMENT

Ivory?*
Look how this house of ours is adorned
with the hunter's foreign novelties,
with mementoes;
there is room on the shelf, on the dresser,
for cups, brass plaques, and pictures,
the walls embellished with Millet's *Gleaners* and the Callanish Stones.
Let us similarly adorn the mind:
not merely a nodding acquaintance with Plato,
Dante, Freud, Shakespeare,
a recalling of Einstein,
a curtsey to Voltaire,
but also
Alasdair MacColla and Mac Mhaighstir Alasdair,
Iain Lom and John Smith of Earshader,
and, to whet the blade,
Donald Munro,†
to let us feel the boar's tooth in our complaisance,
Ivory.

* Sherriff William Ivory, Sheriff of Inverness-shire, who brought the Glasgow Police to Skye to quell the Braes crofters in 1882, and commanded the force of police and marines at Glendale in 1886.
† Donald Munro, the oppressive factor on the Lewis estate from 1853-1875, and one of the people mainly responsible for provoking the Bernera Riot.

AN IOLAIRE

1

Cha b'e idir gu robh spuirean ort
a dh'fhàg an làrach air m'aodann
ach gun do thog thu suas mi
thar beanntan mo dhomhain
a-measg nan diathan
agus gum faca mi na cnàmhan.
Aodann lom leacach
le sgròbadh sìorraidh air,
aon shùil coibhneil 's an t'èile feargach.

2

Na Ròmanaich an Albainn

Fada fodhad anns a' ghleann
a' fiaradh, a' feòrachd,
fada bho bheuc an leòmhainn,
bhon dusd 's an teas,
a' ghrian ag abachadh nam fion-dhearc,
bhon amar le na leacan gorma dealbh-chaoin
fionnar fon chois,
fada bho an diathan fhèin.

Iolair' is dealbh na h-iolaire.

3

Sùil gun fhiaradh gun phriobadh,
lom, fuar mar a' chlach,
sùil mullach an t-saoghail
a' sealltainn air fànas,
is gob crom man dubhan
a' dol a sàs ann a feòil,
fuil a' chridhe a' cuairteachadh anns an leth ìochdrach
ach na spuirean 's na sgiathan
fo bhuaidh clach na sùla.

THE EAGLE

1

No, it wasn't that you had talons
that left a mark on my face
but rather that you exalted me
above the mountains of my world,
among the gods,
and that I saw the bones.
A bare slabbed face
with eternal claw-marks on it,
one eye kindly, the other angry.

2

The Romans in Scotland

Far below you in the glen,
twisting, questing,
far from the lion's roar,
the dust and heat,
the sun ripening the grapes,
from baths with blue soft-tinctured tiles
cool underfoot,
far from their own gods.

Eagle and eagle pennant.

3

An eye unturning, unwinking,
bleak, cold as a stone,
eye from the world's summit
looking out into space,
and a beak bent like a hook
sinking into flesh,
heart's blood circulating in the lower half
but talons and wings
controlled by the stone of the eye.

4
Sùil lom leacach
aig bil an nid,
sùil creachainn
sùil sgàrnaich
sùil ruathar gu beul àraich.

5
Placadaich
nan sgiathan mòra
os cionn a' chobhartaich
air an altair chloiche,
fuil na h-ìobairt
a' deanamh màrmor den ghneiss:
sagart, ministear gun dia aige.

6
"Is math beagan den iolaire unnainn
ged is fheàrr cuid an uain,
is math smachd
ged tha e math dhan anam bhith strìochdadh,
is math a dhol air sgèith
ged tha e socair bhith ann an crò"—
'se sin co-dhiù a thuirt an iolair-shagart
's e leughadh na fìrinn ás an leabhar chloiche.

7
"A chionns gur mise 'n t-uachdaran ùr agaibh
's gun d'fhuair mi sgoil air a' bheinn ud
bheir sibh modh dhomh nuair a their mi ruibh
gur h-ann leamsa tha gach nì
fon spiris is os a chionn
's air gach taobh de bhallachan na h-iodhlainn,
agus cuimhnichibh gu bheil leacan sleamhainn
aig an taigh agam fhìn,
nuair a thig sibh a shealltainn,"
thuirt an àrd-iolaire ri na cearcan.

4
A bleak slabbed eye
at the nest's rim,
summit eye,
scree eye,
an eye rushing to battle's brim.

5
Pulsing
of the great wings
above the prey
on the stone altar,
the blood of the sacrifice
turning the gneiss to marble:
a priest, a godless minister.

6
"It is good to have a touch of the eagle in us
though the lamb's lot is better,
authority is good
though it is good for the soul to submit,
it is good to take wing
though comfortable to be in a fold"—
that at any rate is what the eagle-priest said
reading holy writ from the book of stone.

7
"Since I am your new landlord
and have been schooled on that mountain
you will pay me respect when I say to you
that everything belongs to me
under and over the roost,
and on each side of the yard's walls,
and remember, there are slippery flags
at my own house
when you come to visit"—
said the chief eagle to the poultry.

8
"Nuair a thig an ola
cha bhi càil ach biadh nan canastairean,
leigidh iad seachad togail nan uan,
fàsaidh daoine bog,
cha bhi a dhìth orra ach socair,
is òl is boireannaich.
'Sann ìosal a bhios an t-adhbhar
ann an Tìr an t-Soisgeil,''
thuirt iolair-mhinistear an Nid Bhig.

Agus arsa iolair-mhinistear an Nid Mhòir,
"Na caraich,
ás dèidh na siùrsachd sin thig dùsgadh.''

9
Nuair a chuir iad an iolaire dhan a' Phàrlamaid
thòisich na tonnagan a' gàireachdainn,
oir cha robh còmhradh aige dha seòrsa-san
a bha tighinn beò a-mhàin air bhòtaichean
a dh'fhàg na seanairean aig na h-oghaichean,
's bha iad an làn bheachd nach cothaicheadh
e, am balgaire cama-ghobach nach snàmhadh
's nach tigeadh beò am blàth-thaisealachd a làthaich,
agus mar sin a latha-seo thuirt an Ard-thonnag
's i crathadh a h-earbaill le 'tòin mar gum b'e dronnag,
"A chreachadair chrò is a chrù-chròicich shalaich
a thogadh ar lòn 'na do ghob gu bàrr bealaich,
an dèidh dhuinn do bheanntan a chumail saor bho ghunna
ag iarraidh do bheanntan bhith saor bho smachd thunnag.''
'S cha duirt an iolaire càil ach "Thog thu ceàrr mi;
Cha do dh'iarr mi aon uair ort carachadh ás a làthaich.''

10
"Ma bhios sibh ciallach
leanaidh sibh oirbh a' sitrich
mar a bha sibh a' dèanamh bho thùs,
ged a thà sibh a' fàs ainneamh.
Cha fhreagair comhartaich chon cho math oirbh,''
thuirt an iolaire ri na h-eich a bha a' criomadh an fheòir ann am pàirc an T

8

"When the oil comes
they'll all go in for tinned food,
they will stop rearing lambs,
will go soft,
all they'll ask for is an easy time,
drink and women.
The Cause will be at a low ebb
in the Land of the Gospel,"—
said the eagle-minister of the Little Nest.

And the eagle-minister of the Big Nest said
"Have no fear,
after that whoring there will come an Awakening."

9

When they returned the eagle to Parliament
the ducks started laughing,
for he had no common language with their likes
who had got where they were with votes
passed hereditarily from grandpa to grandson,
and they really believed he couldn't keep going,
a hook-nosed bastard that couldn't swim,
and couldn't live in the warm moistness of the mud,
and so one day the Head-duck said,
giving its tail a shake with its bottom,
"Fold plunderer and dirty bloody-claw,
who snatches our food away in your beak to the high pass,
now that we've kept the guns away from your hills
you want the ducks to be kept out as well."
And all the eagle said was "You've got me wrong;
I never asked you to part from your own pong."

10

"If you have any sense
you'll keep on neighing
as you've always done from the beginning,
though you're growing thin on the ground.
Barking like dogs won't suit you so well,"
said the eagle to the horses that were grazing in the television park.

11
"Mus do leagadh bunaitean na ...
mus do leagadh ..."
thòisich an iolaire ri searmonachadh,
ach thàinig teagamh
anns na sùilean seacte
nuair a laigh a sùil air na leacan.

12
Nuair tha an nead falamh,
nuair a tha na leacan breac,
na h-itean 'nan sitig,
nuair thig fuachd air na sùilean fuara,
nuair a chailleas na spuirean carach an grèim,
nuair a dh'fhàsas na sgiathan brìoghmhor fiata,
nuair a dhùineas beul bog na h-oidhche a gob
's a chanas an iolair-shagart a phaidir,
thig an neart bha san fhàisneachd
air iolair' an fhàsaich.

AN CRANN

1
Crann ann an ùir mo dhùthcha
cruaidh anns an asbhuain
soc anns a' ghlasach
gorm-thonn a' dol 'na chop dubh
air a' chladach ùr seo,
crann ùr.

Feumaidh e a dhol domhainn,
fon a' chopaig,
troimhn a luachair,
an gorm 's an geal 's an dubh
air am filleadh 's air an toinneamh
anns an tochailt,
anns a' bhogha,
anns an sgrìob dhearg.

Feumaidh na gàirdeanan bhith righinn.

208

11

"Before the foundations were laid, of the ...
before there were laid ..."
the eagle said at the start of his sermon,
but a doubt came over
the sunken eyes
when they rested on the slabs.

12

When the nest is empty,
when the flags are speckled,
the feathers strewn in a mess,
when coldness comes over the cold eyes,
when the wily talons lose their grip,
when the strong wings grow fearful,
when the soft mouth of night closes its beak
and the eagle-priest says his *pater noster*,
the prophesied strength
will return to the eagle of the wilds.

THE PLOUGH
(or Cross/Mast/Lot/Harp-key/Saltire etc)

1

A plough in my country's soil
steel in the stubble
sock in the meadow
green wave turning to black foam
on this new shore,
a new share.

It must go deep,
under the docken,
through the rushes,
green and white and black
entwined and interlaced
in the delving,
in the bow,
in the red furrow.

The arms must be tough.

2
Tha fonn aig a' chrann,
iomadh fonn aig crann mo dhùthcha,
fonn iomadh-fhillte air a clàr
mus deach a creachadh.
Feumaidh na meuran a bhith làidir,
is gràdhach,
tha sgreab dhubh air clàr mo dhùthcha.

Tha at fo thuinn air mo dhùthaich;
cha dean sgiùrsadh,
cha dean plàsd,
cha dean a lannsa m'annsachd slàn
gu'm bi a leabaidh-shiùbhla làn.

3
Fo na bunan seacte
fon a' bhalla loit
fon an taigh air grodadh
fo na fhreumhan toinnte
fon an inntinn fhiar
fon a' chridhe ragte
stob a-steach an crann.

4
Sgrìob troimh fhraoch 's troimh luachair,
sgrìob air gualainn donn na beinne,
tha iomadh lot air slios mo dhùthaich
nach fhalaich a chaoidh an crann-giuthais,
's cha dean fiaradh feachda fidhchill
falach-fead nuair thig a' mhadainn.

Tha sgreaban dubh air clàr nam bailtean
nach dean tarbh-chrann stùrach rèidh,
lot nach leigheis craiceann tearra;
gun an fhuil bhith air a glanadh
thig an niosgaid leatha fhèin.

Gheibh sinn pronnastan an earraich
's nì sinn faloisgear dhuinn fhìn,
air na cnuic is air na stràidean,
ann an Glaschu 's ann an Eige,
's thig am feur an àird a-rìs.

2

The plough has land/The harp-key has a tune,
my country's harp has many tunes,
it had a many-layered tune
before it was smashed.
The fingers must be strong,
and loving,
there's a black scab on my country's skin.

There's a swelling under my country's skin;
scourging cannot, plaster may not,
the lance won't make my darling well
till the bed of birth is full.

3
Under the withered stubble
under the rotted wall
under the house in decay
under the knotted roots
under the twisted mind
under the stubborn heart
thrust the plough in.

4
A furrow through heather and rushes,
furrow on the brown shoulder of the hill,
my country's side has many wounds
that pine trees will never hide,
the chess army with tortuous moves
will not play hide-and-seek in the morning.

There are black scabs on the towns' surface
that dusty bulldozers cannot smooth,
wounds that a skin of tar can't heal;
unless the blood itself has been cleaned
the boil will keep coming again.

We'll get sulphur in the Spring,
and make a bonfire for ourselves,
on the hills and in the streets,
in Glasgow and in Eigg also,
and the grass will show through again.

5
An dèidh a' chruinn an cliathadh
an dèidh a' chliathaidh a' bheatha ùr
an ùir bhrisg a' leaghadh
's a' dol 'na cnap nuadh
fon a' ghrèin,
a' tòcadh,
ag at fo shruth cuisle.

Tha cuimhn' agam ort,
ròp ma do ghuaillean a' cliathadh,
's na h-eich gann,
is daor.
Bu mhath a là a bheireadh e fhèin ás.

'S bu sheachd mhath a' bhlianna bheireadh i fhèin ás
bho shìol gu adag,
ach an diugh,
an dèidh aisling Rìgh na h-Eipheit
feumaidh ar sùil bhith air a' choirc ag òradh
fada bhuainn,
is spealan eile ga bhuain.

6
"'Se farmad a ni treabhadh"—
feumaidh gun do dh'fhalbh e
ás a sgìre againn,
tha h-uile lota bàn am blianna.

7
Cha dean farmad,
cha dean eud,
cha dean càineadh an talamh rèidh.
Cha dean "mi fhìn,"
cha dean "mo threubh,"
cha dean "mo chlas" ach plàsd is cèir.
Cha chan sagart,
cha chan clèir,
cha chan eaglais dhuinn a' chreud.
Cha chuir eathair,
cha chuir beairt,

5
After the plough the harrow,
after the harrow the new life,
the friable soil melting,
forming a new lump
under the sun's rays,
rising,
swelling with a rush from the veins.

I remember you
rope on shoulder pulling a harrow,
since horses were scarce
and dear.
Taking each day as it came.

Especially glad to see a whole year through
from seed to stack,
but now,
after the King of Egypt's dream,
we must set our sights on the corn ripening
a long time ahead,
and other scythes reaping it.

6
"Envy makes good ploughing"—
it must have abandoned
our parish,
none of the crofts are worked this year.

7
Envy will not,
grudging won't,
slanging can't prepare the ground.
"I myself,"
"My own clan,"
"My class" are bandages, I've found.
Neither priest
nor presbyter
nor church can say for us the creed.
New boats will not,
nor will looms,

cha chuir ola 'n dùthaich ceart,
gus an tig fear-saoraidh ùr—
Sir Crannchur MacGille Mhùin?

8
Nuair a theid an Crann an àird
bidh Seoc an Aonaidh air a mhàs,
nuair a bheir tuath-ghaoth dha crathadh
bidh Seoc bochd ás aonais plathaidh,
bidh rudhadh ann an gruaidhean Seoc
nuair mhaoidheas an Crann air a shoc,
nuair chì sinn a' chrois air a' chrann
nì sinn ri ar dùthaich bann.

9
Ar crann fhìn air ar slinnean,
taic an fhiodha ri ar druim,
chan eil dà dhòigh ann
ma tha dòigh idir ann.
Chan eil air ach an cnoc a dhìreadh
a dh'ionnsaigh na sìthe,
chan eil air ach am fìon
geur 's ga bheil e
òl,
cha dean Peadar
cha dean Pòl
sinne a dhìon,
no ar beatha a chur ann a suim
mura bi ar druim
's ar slinnean ris a' chrann.

CREAG IS BOGLACH

'N dùil an tainig crith anns a' chreig sin
nuair a cheusadh Crìosd,
crith ann an gneiss?
No an e dìreach rùcail
ann am mionach boglaich
a tha sinn a' cluinntinn?

oil won't give us what we need,
till a new redeemer comes—
Sir Harpsichord MacGillybums?

8
When we run the Saltire up
the Union Jack will get a bump,
when the north wind makes it flutter
Jack's old flaps will sound like butter,
and Jack's cheeks will blush right red
when the Saltire's brandished at his head,
when we see the cross on the flag-tree
we shall make a band with our land to be free.

9
Our own cross on our shoulder-blades,
the support of the wood at our back,
there are no two ways about it
if there's any way out of our loss.
Nothing for it but climb the hill
towards peace still,
nothing for it but drink the wine
even though it is all
vinegar,
Peter cannot
nor can Paul
protect us
or give to our life what it lacks
unless our backs
and shoulder-blades are carrying the cross.

ROCK AND QUAGMIRE

Did that rock shake, I wonder,
when Christ was crucified,
does gneiss shake?
Or is it merely a rumbling
in a bog's belly
that we hear?

TAGHADH

O thusa th'air do thaghadh,
solas ma do cheann anns an t-saoghal dhorch seo,
ga do chumail gun tuisleadh air clachan,
gun tuiteam, gun tuiteam ann an clàbar,
do chainnt gun toibheum, do chòmhradh gun sgannal,
thusa nad aodach gheal gun truailleadh
a fhuair an gealladh a b'fheàrr na 'n gealladh-pòsaidh,
cuimhnich cuideachd
gu bheil aoibhneas anns an dorcha,
gaol is gràdh anns an tuiteam,
irisleachd ann a riasladh nan clachan,
fìrinn fo chlàbar an truaillidh,
gach nì a' tighinn beò le comas
far a bheil an cridhe fosgailte,
far nach eil solas na h-inntinn air reodhadh.

COIMHTHIONAL HIORT

Tha na fulmairean air Stac an Armainn
beò ann an carthannas,
na h-uighean a' leantainn ris a' chreig,
dannsairean air an corra-biod,
's an t-sìorraidheachd ag at
aig bun nan stalla.

Tha 'n t-sùlaire air Sòdhaigh
a' cionacraich amhaich a' ghuga,
a sùil dìreach air fànas,
a gob a' teagasg nan cosamhlachdan,
gach tè air a nead fhèin.

'S tha na fachaich air oir a' phalla
'nan lèintean geala,
le'n guib dhathach;
mas breug bhuam e 's breug
thugam e: 'sann dhan Eaglais Easbaigich tha 'n treubh.

ELECTION

O you who are chosen,
with a halo round your head in this dark world,
keeping you from stumbling on stones,
from falling, falling in the mire,
you whose talk is free of blasphemy, of scandal,
in your white clothes, unsullied,
you who got the promise that is better than a marriage-proposal,
remember too
that there is joy in the dark,
love and affection in the falling,
humility in the stones' abrasion,
truth beneath the sullying of the mire,
everything coming alive with power
where the heart is open,
where the light of the mind has not congealed.

ST KILDAN CONGREGATION

The fulmars are on Stac an Armainn,
living in comradeship,
their eggs keep their hold on the rock,
dancers on tip-toe,
and eternity wells up
at the foot of the rock-cliffs.

The solan on Soay
fondles the gannet's throat,
its eye stares straight into space,
its beak teaches the Parables,
each one on its own nest.

And the puffins are at the edge of the rock-ledge
in their white surplices,
with their coloured beaks;
I've heard, but don't know whether to believe it,
they're Episcopalians. Well, take it or leave it.

LEÒDHAS AS T-SAMHRADH

An iarmailt cho soilleir tana
mar gum biodh am brat-sgàile air a reubadh
's an Cruthaidhear 'na shuidhe am fianais a shluaigh
aig a' bhuntàt 's a sgadan,
gun duine ris an dean E altachadh.
'S iongantach gu bheil iarmailt air an t-saoghal
tha cur cho beag a bhacadh air daoine
sealltainn a-steach dhan an t-Sìorraidheachd;
chan eil feum air feallsanachd
far an dean thu chùis le do phrosbaig.

A' DOL A-NULL AIR A' BHRÀIGHE

A' dol a-null air a' Bhràighe chaill mi ghealach;
cha do leig mi guth orm,
bha i aig cuideigin,
fear ann am Belfast, is dòcha,
bha na b'fheumaich oirre na mise;
ach tha sinn feumach air solas an seo cuideachd,
son mòine thoirt dhachaigh
's an rathad a dheanamh soilleir
do dhuine leis an daoraich,
agus ... is dòcha ...
son fear a dheanamh a-mach
air a rathad gu Emaus,
no Damascus,
no Garrabost.

AIR AN AISEIG GU LEÒDHAS

A' leth-aithneachadh gach duine air a chuideachd,
aithne gun chuimhne,
is cuimhne gun aithne.
Tuigse a' tulgadh.
Tha am muir seo glas-
neulach, chan eil beatha
a' snàgadh tuilleadh bho na cladaichean,
tha am protoplasma
gun chumadh.

LEWIS IN SUMMER

The atmosphere as clear, translucent
as though the veil had been rent
and the Creator were sitting, in His people's view,
at potatoes and herring,
with no one to whom He could say a grace.
Probably there's no atmosphere in the world
that offers so little resistance to people
to look in at Eternity;
there's no need for philosophy
where you can make do with binoculars.

CROSSING THE BRÀIGHE

Crossing the Bràighe* I lost the moon;
I didn't let on,
someone could see it,
a man in Belfast perhaps,
who needed it more than I did;
but we stand in need of light here too,
for taking home the peats,
and for making the road bright
for a man who's been on the spree,
and ... maybe ...
for recognising a man
on the road to Emaus,
or Damascus,
or Garrabost.

* An isthmus half-way between Stornoway and Garrabost
 in the Island of Lewis.

ON THE FERRY TO LEWIS

Half-recognising each by his kin,
a knowing-without-remembering,
and a remembering-without-knowing.
The understanding pitching.
This sea is grey-
filamented, no life
slithers any more from the shores,
the protoplasm
has no shape.

AN DÀRNA EILEAN

Nuair a ràinig sinn an t-eilean
bha feasgar ann
's bha sinn aig fois,
a' ghrian a' dol a laighe
fo chuibhrig cuain
's am bruadar a' tòiseachadh ás ùr.

Ach anns a' mhadainn
shad sinn dhinn a' chuibhrig
's anns an t-solas gheal sin
chunnaic sinn loch anns an eilean
is eilean anns an loch,
is chunnaic sinn
gun do theich am bruadar pìos eile bhuainn.

Tha an staran cugallach
chon an dàrna eilein,
tha a' chlach air uideil
tha a' dìon nan dearcag,
tha chraobh chaorainn a' crìonadh,
fàileadh na h-iadhshlait a' faileachdainn oirnn a-nis.

AN TURAS

1

Ann an doras a' *Chaley*
thachair E rium
's dh'fhaighnich E dhiom
a robh mi ag iarraidh slàinte.
Bhà, iomadach slàinte.

Agus ann an doras a' *Chrown*
chuala mi'n Nàmhaid aig mo ghualainn
ag ràdh "Seachainn seo,"
ach cha do dh'èisd mi ris an Nàmhaid.

Ann an doras a' *Star*
chunna mi sealladh de Bhetlehem
's dhùin mi mo shùilean.

Ann an doras a' *Charlton*
cha d'rinn mi àicheadh air mo ghràdh dhut

Ann an doras a' *Chlub*.

THE SECOND ISLAND

When we reached the island
it was evening
and we were at peace,
the sun lying down
under the sea's quilt
and the dream beginning anew.

But in the morning
we tossed the cover aside
and in that white light
saw a loch in the island,
and an island in the loch,
and we recognised
that the dream had moved away from us again.

The stepping-stones are chancy
to the second island,
the stone totters
that guards the berries,
the rowan withers,
we have lost now the scent of the honeysuckle.

THE JOURNEY

1

At the door of the *Caley*
He met me
and asked me
if I was seeking for health.
Yes, many healths.

And at the door of the *Crown*
I heard the Devil at my shoulder
saying "Pass this by,"
but I did not listen to the Devil.

At the door of the *Star*
I saw a vision of Bethlehem
and I closed my eyes.

At the door of the *Carlton*
I did not deny my love for you

At the door of the *Club*.

2
An oidhch' ud ann an Ibrox,
an solas a' ciar-bhuidheadh air a staidhre,
an aol gun tiormachadh,
's na taighean-seinns' air sgaoileadh,
chuimhnich mi air te dha m'fheadhainn
ann a Singapore
nach bu bhuidhe dhomh.

3
Dearg, dearg tha fuil mo bheatha,
sin an fhuil anns a bheil slàint,
nuair a laigheas làn a' bhotail
air mo sgòrnan anns a' mhadainn
tha e mar gun d'fhuair mi gràs,
dearg, dearg tha fuil a' bhotail
air mo chuisle, fuil mo ghràidh.

Fuil a' chruinn, fuil a' chruinn,
fuil a sgamhain air a' chrann,
dubh, dubh tha fuil a sgamhain,
dubh a' mhadainn air a' bheinn.
Dearg, dearg, dearg, dearg,
dearg air mo chridhe clis,
Thusa rinn fìon dhen an uisge
dean uisge den fhìon a-nis.

4
A' chnuimh a tha ag ithe na feòla
a' bòcadh, 's a' chnuimh
a tha a sàs ann an cridhe an ubhail,
an cridhe tha spioladh nan cnàmh,
a' chnuimh aig bun na craoibh'
anns an t-seann ghàrradh.

5
Snagardaich gun sgur 'na mo cheann
ged tha deich bliann' ann bho dh'fhàg mi 'n gàrradh.
Ma shreapas mi gu mullach a' *chran* sin,
air a' ghèig as àirde

2

That night in Ibrox,
the lights dun-yellow on the stair,
the pipe-clay not quite dry,
after the pubs had skailed
I remembered a girl I had
in Singapore—
she wasn't a lucky omen.

3

Red, red is my life's blood,
that's the blood that's full of health,
when the brimming bottle lies
on my gullet in the morning
then I feel I've found grace,
red, red is the bottle's blood
on my veins, the blood I love.

Blood of the cross, blood of the cross,
blood from the lungs on the cross,
black, black is the lung's blood,
black the morning on the mount.
Stamp red, stamp red,
stamp on my fickle heart,
Thou who madst wine of water,
make water of wine now.

4

The grub that consumes the flesh
swells, as the grub
that attacks the heart of the apple,
the heart that picks at the bones,
the grub at the tree's base
in the old garden.

5

A continual tapping in my head
though it's ten years since I left the yard.
If I climb to the top of that crane,
on the highest branch

ruigidh mi air an ubhal,
's nuair a thuiteas mi
falbhaidh an snagardaich seo;
bheir Dia asam e leis an aon ghlamhadh.

6
"Cha bhi mi, ghràidh, a' buntainn dha,
cha bhi mi gabhail deur dheth."
Nuair bhios mi leam fhìn
bidh mi gabhail drama;
cha bhi duine chì
mar lìonas mi 'ghlainne.
Nuair bhios mi leam fhìn
bidh mi gabhail drama.

7
Nuair thuirt thu a chaoidh, a chaoidh,
is beag a bha dh'fhios againn far a robh 'n fhoill,
is beag a bha 'bhrath againn far a robh 'n fhadal,
an gaol fon a' chadal 's an gràdh fon a' choill.

Nuair thuirt mi gu bràth,
cha b'e a' bhinn sin idir a bha 'nam inntinn,
cha do shaoil mi gur h-e 'n dàn seo a bha san dàn.

Nuair a thuirt sinn gu sìorraidh,
cha do dh'fhidir sinn an eaglais againn a' tuiteam 'na broinn
's gun Dia innt'.

8
A' tilleadh a dh'Eilean Leòdhais,
mo chridhe làn leis an toileachas,
smaoinich mi air a' chiad shealladh sin
de na h-Eileanan Mòra,
a' Phàirc 's a' Chàbag a' nochdadh,
is beul Loch Ratharnais,
An Rubha 's a' Ghearra Chruaidh,
ach chaill mi iad anns a' bhàr,
bha mi cho làn toileachais.

I shall reach the apple,
and when I fall
this tapping will stop;
God will pluck it out of me at a bite.

6
"My dear, I never touch it,
I never take a drop."

When I'm on my own
I like to have a dram;
nobody can see
the glass is to the brim.
When I'm on my own
I like to have a dram.

7
When you said for ever more
we little knew where deceit lay,
we didn't think at all of the day
that love would sleep and bliss be a bore.

When I said till Doom,
that wasn't the judgement I had in mind,
I didn't think *that* fate was fated for us.

When we said for everlasting
we didn't notice that our church was falling in
and that God was past it.

8
Returning to Lewis,
my heart full with pleasure,
I thought of that first sight
of the Shiant Islands,
Park and Kebbock Head appearing,
and the mouth of Loch Ranish,
Point and the Castle Grounds,
but I missed them in the Bar,
I was so full of joy.

An t-seachdain ud aig an taigh
cha do dh'fhuaraich mi,
mi dha mo dhalladh bho mhoch gu dubh—
chan fhaca mi Beanntan Bharbhais an turas seo—
bha mi cho toilichte ri cù air a shitig fhèin.

Agus an là dh'fhalbh mi
bha mi leis a' chianalas;
ghabh mi te mhòr as a *Royal*,
's ma fhuair mi air bòrd, chaidil mi;
cha robh fhios 'am dè chanainn
nuair a chunna mi cidhe Ullapol.

A! Thighearna,
cuin a chì mi thu rithist, a Shliabh Shioin?

9
Mas do dh'fhàs am pàipear cruaidh seo air na meuran agam
leughainn na sanasan beaga
air madainn earraich
agus air oirean a' chonaltraidh;
'se tha dhìth orm *braille* nas gairbhe.

10
Gun a bhith 'g iarraidh a' chòrr ach a' cur charan,
a' tilleadh chon an aon stans,
a' cur mo shròin air a' bhloigh sin dhe m' eachdraidh,
mar gum b'e cù a bh'annam
ag iarraidh go a sgeith fhèin.

11
A' dùsgadh sa' mhadainn
le cnuimh dhearg 'na mo sgòrnan
chuir mi dh'iarraidh an doctair—
bha a rud air a dhol seachad air mo sgoileireachd.

Thàinig e.
Bha aodach soilleir air is brògan canbhais,
guth cruaidh sgairteil aige,
is fo achlais bha *Orain Iain Mhic Fhearchair*.

That week at home
there was no time to get sober,
I was plastered from dawn to dusk—
I never saw the Barvas Hills this time—
I was as happy as a dog on its own dump.

And the day I left,
what homesickness!
I took a burst in the Royal,
and if I got aboard I must have slept;
didn't know what to say
when Ullapool Pier came in sight.

Lord God,
when will I see you again, Mount Sion?

9

Before this rough paper grew on my fingers
I could read the tiny signals
on a Spring morning,
and on the margins of conversation;
I need a bolder braille.

10

Wishing only to keep going round in circles,
coming back to the same spot,
sniffing at that fragment of my history,
as though I were a dog
drawn to its own vomit.

11

Waking in the morning,
a red grub in my gullet,
I sent for the doctor—
the thing had got beyond me.

He came.
He wore light-coloured clothes and sandshoes,
had a loud harsh voice
and carried *The Songs of John MacCodrum* in his oxter.

Is thuirt mi ris, cho socair 's b'urra mi:
"Nach doir thu chnuimh sin ás a sgòrnan agam
mus dig at ann"—
thuigeadh fear-leughaidh leth-fhacal, bha mi 'n dùil.

Cha duirt e càil rium ach
"Chan ann anns a sgòrnan agad a thà 'chnuimh,"
agus thòisich e leughadh ás a leabhar
(... *Gur e'n ceann as treas cas dhaibh,*
Lom-làn mheall agus chnapa,
Gach aon bhall d'am bi aca
Goid an neart uath' gun fhios ...).

"Coma leat dhan a sin," thuirt mi,
"'Sann 'na mo sgòrnan a tha i,
agus tha fios agam co ás a thàinig i,
ás an ubhal a bha gu h-àrd a staidhre...,"
ach leis an fhìrinn innse cha robh cuimhn' 'am
'n e staidhre ann a Fairfields,
no ann an Ibrox, no ann a Singapore.
Aon rud bha mi cinnteach ás
cha b'ann a Leòdhas a bha i,
oir cha robh staidhr' againn.

A Dhia! dè math a bhith bruidhinn ri doctair,
bu cho math dhomh cur a dh'iarraidh an t-sagairt.

12

'S mura h-eil mi air mo mhealladh
thàinig an sagart cuideachd,
is thairg e dhomh an t-abhlan coisrigte;
Eireannach a bh'ann, cha robh Gàidhlig aige;
chuala mi e ag ràdh rudeigin mu *wafer*
's thuirt mi ris—Thighearna, 'n teas a bha sin!—
"Coma leat dheth, 'se ice-cream tha dhìth orm."

13

Tha 'ghaoth ag èirigh;
nan togadh i ás a seo mi
sheòlainn tarsainn air Cluaidh,
os cionn Leòdhais is Inis Tile,
air sruthan na h-iarmailt;

And I said to him as quietly as I could:
"Would you take that grub out of my gullet
before inflammation starts"—
I thought a man of skill would understand.

All he said was
"The grub is not in your gullet,"
and he began to read from his book
(... *the head is their third foot,*
full of swellings and lumps,
each member that they have
stealing their strength from them unawares ...).

"Cut that out," I said,
"It *is* in my gullet,
and I know where it came from,
from the apple at the top of the stairs ...,"
but to tell the truth I couldn't remember
whether it was a stair at Fairfields,
or in Ibrox, or Singapore.
One thing I knew for certain
it wasn't in Lewis,
for we didn't have a stair.

God! What's the good of talking to a doctor,
I might as well send for the priest.

12
And if I'm not mistaken
the priest came too,
and offered me extreme unction;
an Irishman he was, but English-speaking;
I heard him mention "wafer"
and said to him—God! What heat!—
"Forget it, it's ice-cream I want."

13
The wind is rising;
if only it lifted me from here
I'd sail over the Clyde,
over Lewis and Iceland,
on the air currents;

bhithinn toilichte gu leòr a-muigh a sin
a' cur charan air an talamh,
's a' deanamh mothar riutha 'n dràsd 's a-rithist
iad a ghleidheil na Sàbaid
's a bhith cuimhneachail orms' ann a sheo.

14

Na ròidean a' coiseachd chun na mara,
's na cnuic a' cur charan air na taighean,
beagan de cheò an t-samhraidh ann
's an fheamainn a' plubail anns an làn,
an Cruthaidhear san taigh-choinneimh a-nochd—
an creideamh slàn.

Co ris a tha E a' cumail coinneimh?

Mus do thòisich am feur ag at
aig na h-altan,
mus dainig an niosgaid
air stoc na cuiseige,
mun do bhrùchd an aillse
air an langadar,
bha sinn le chèile san taigh-choinneimh,
's rinn sinn an t-altachadh aig a' bhòrd.

Càite bheil Bòrd an Tighearna an diugh?

Mus do dh'eubhadh an t-sìth,
mus do rinneadh sginean is forcaichean ás na claidheamhan,
mus do rinn iad bothan dhen destroyer,
mus dug iad an copan seo ri òl dhomh,
bha Thusa ann.

Ach a bheil Thu ann a-nis?

GARAIDH

Toiseach October air Tràigh Gharaidh
cha robh dùil 'am dearg is uaine fhaicinn
anns a' chreig bheò,
no ite a' danns air a' ghainmhich:
nach math nach eil sinn gar tuigsinn fhìn.

I'd be happy enough out there
orbiting the earth,
and bawling at them now and then
to observe the Sabbath
and to be mindful of Me here.

14

The roads walking to the sea,
and the hills twisting round the houses,
a little summer haze
and the seaweed bubbling at high tide,
the Creator in the meeting-house tonight—
the faith whole.

With whom is He meeting?

Before the grass began to swell
at the joints,
before the boil appeared
on the docken stem,
before the tumour swelled
on the tangle,
we were together in the meeting-house,
and said grace at the table.

Where is the Lord's table now?

Before peace was declared,
before the swords were turned into knives and forks,
before they made a *bothan* out of the destroyer,
before they gave me this cup to drink,
You were there.

But are You there now?

AT GARRY

October 1st on Garry Shore—
I did not expect to see red and green
in the living rock,
nor a feather dancing on the sand:
how fortunate we don't understand ourselves.

CUILEANN IS TINSEL IS SOLAIS

Cuileann is tinsel is solais,
is Crìosd ann a riochd craoibhe,
Crìosd anns an uinneig?
Crìosd ann a riochd coilich Frangaich,
an t-aran 's am fìon;
is Crìosd ann a riochd leanaibh,
le làraidh is feadag is watch.

Tha mo bhìoball fosgailt air mo bhialaibh,
m'aoibhneas air sgiathan ma mo choinneamh,
eachdraidh 's an t-àm tha làthair is dòchas,
gach gaol air a ruig sinn, gach diachainn,
mo chrann air mo dhà shlinnean
mar a bh'aig gach gineal chaidh romham,
's mo chridhe 'na lasair air an teallach,
a' feitheamh ri bualadh air an innean.

Crìosd ann a seinn nam Beatles,
Moire mhìn ann a riochd Lùlu.

GAOIR A' CHIÙIL

Gaoir a' chiùil fo na cabair sin,
's an danns a' leantainn fada, fad',
an danns an cùl ar claiginn
is an tughadh dol 'na ùir oirnn.

Teann, toinnte 'na shiaman
air a' bheath' againn, tha 'm bruadar,
an gàrradh, an iodhlainn;
an t-ubhal fon deud 's an teud briste,
an sgòrnan dearg
's an fhearg rùisgte,
is sinn a' còmhradh ma Eubh fhathast.

SECULAR CHRISTMAS

Holly and tinsel and lights,
and Christ in the shape of a tree,
Christ in the window?
Christ as a turkey,
the bread and the wine;
and Christ in the shape of a child,
with lorry and whistle and watch.

My bible is open in front of me,
my joy on the wing before me,
the past and the present and hope,
each love we can reach, each testing,
my cross laid on my shoulders
as with all generations before me,
and my heart in flame on the hearth,
waiting the blows on the anvil.

Christ in the Beatles' singing,
gentle Mary in the form of Lulu.

THE MUSIC'S THROB

Music's throb under these rafters
and the dance going on and on,
the dance at the back of our minds
while the thatch turns to earth.

Twisted as a heather-rope, the dream
lies close to our life,
the garden, the stack-yard;
the apple bitten and the string broken,
the throat red
and anger bared,
and we go on talking about Eve.

ANN A SALZBURG

Ann a Salzburg
chunna mi coinneal laiste air uaigh
mar nach biodh teas na grèine gu leòr
gu blàths a chumail anns a' chuimhn' ud,
coinneal a' cnàmh ann an glainne dearg.
Agus smaoinich mi air na h-uaighean a bha 'na mo chùram
anns an dùthaich fhuar mu thuath.

ORAN BRATHANN

Na seachdainean ud nuair bha fèath ann,
's an talamh air a threabhadh,
an ùir a' fàs brisg le gaoth Earraich,
is beagan de bhlàths anns a' ghrèin,
feumaidh gun do thuit sìol
nach do thuig ciall e bhith sa' chiosan.

O tha cuimhn' am
thu bhith faighneachd
man a siud 's man a seo,
's mo fhreagairt a' fàs brais:
dìosgan nan ginealach
a' teicheadh bho chèile,
is dìosgan an dà shaoghail
gam bleith;
cha do thuig mi
gu robh mo chasan a' falbh bhuam,
's chan eil fhios'am a-nis
an do thuig thusa mis'.

Chuir am blàths ud
a chuir an sìol a dh'fhàs
fuachd beag eadarainn:
tha e pàidhte dhomh 'm blianna
gun agam a dhol ga iarraidh;
thainig fèath eile,
Earrach ùr,
ùr-fhaighneachd,
car eile dhan a' bhrà.

IN SALZBURG

In Salzburg
I saw a lighted candle on a grave,
as though the heat of the sun were not enough
to keep warmth in that memory.
A candle burning down in a red glass.
And I thought of the graves that I had a care of
in the cold country to the north.

QUERN-SONG

These weeks when there was a calm,
the ground ploughed,
the soil made friable by Spring winds,
and a little warmth in the sun,
some seed must have fallen
though the rational mind did not know it was in the skep.

O, I remember
that you asked
about this and that,
and that my answers grew short:
the grinding of the generations
moving apart,
and the grinding of two worlds
in friction;
I did not know
that my feet were losing their grip,
and I'm not sure now
that you understood me.

That warmth
that made the seed grow
brought a little coldness between us:
it was repaid to me this year—
I did not have to look for it;
another calm came,
a new Spring,
new seeking,
another turn of the quern.

DÀ ÌRE

Sinn aig dà ìre dhe 'r slighe:
mise toirt sùil air ais
troimh na bliannachan dùmhail,
is fòghnaidh an t-sùil—
tha an cridhe air bacan san àm tha làthair;
is thusa toirt sùil air adhart
troimh na bliannachan doilleir
's ag iarraidh a bhith a chaoidh mar a thà thu.
Beagan is deich blianna fichead eadarainn,
cha lean iad fada ruinn.

THÀINE TU THUGAM ÒGAIL

Thàine tu thugam ògail
ann an traoghadh mo thùirse,
sult a' mheallaidh
a' ruagadh gaiseadh seallaidh,
mìnead do chiùil-sa
a' càradh milleadh m'òran
gun fhacal còmhraidh
's do ghealladh
mar thùis
air m'anam.

MO MHÀTHAIR

An turas mu dheireadh a chunna mi beò thu
bha t'anail air fàs goirid,
thigeadh stad ort
ann am meadhon do sheanchais,
leigeadh tu t'anail
mus tòisicheadh tu a' gàireachdainn,
agus dh'innis thu dhuinn,
facal air an fhacal,
rudan èibhinn a bhathas ag ràdh
ann a leithid seo a thaigh-fhaire ann a Leòdhas.

DIFFERENT STAGES

We are at different stages of our road:
I look back
over the crowded years,
and am content with a glance—
the heart is tethered in the present;
you look forward
through the indistinct years
and want to stay as you are.
A little over thirty years between us,
they won't last long.

I SAW A VISION OF YOU YOUNG

As my grief was ebbing
I saw a vision of you young,
a deceptive buxomness
routed the image of withering,
the softness of your music
mended my broken song,
no word of speech,
and your promise
like incense
on my soul.

MY MOTHER

The last time I saw you alive
you had become short of breath,
you would stop
in the middle of what you had to say,
take a breath
before you began to laugh,
and you told us,
word for word,
amusing things folk said
at such-and-such a wake in Lewis.

Ged a chunna mi marbh thu
an ath thuras,
tha do chòmhradh 'na mo chluasan,
's do ghàire,
's an cagar—
nan togadh duine e—
sinn a bhith air ar faire.

Nuair a thainig crìoch air do bheatha
thainig i cho glan,
mar gun cuireadh tu snàithlean
fo d'fhiacail,
ga bhriseadh leis an aon sgobadh.

BLAS NA FALA

Bha a' choill' ann
bha an smeur ri sìneadh
bha mi fhìn ann
bha thu fhèin
bha blas na fala air mo bheul
bha fiamh a' ghàir' ann
fiamh a' ghàrraidh ann an Eubh
faite fann air aodann naoidhein
is an t-eagal tighinn 'na shìor-ruith
ás a dhèidh.

GAOL IS GRÀDH

An gaol
geal
gil
a' gal
goile
goil
geilidh
a' gabhail.

An gràdh
ag ràdh
cràdh.

Though you were dead
when next I saw you,
I still hear your talk
and laughter,
and the whisper—
if one could hear it—
bidding us be watchful.

When the end of your life came
it was a clean break,
as though you were to place a thread
under your tooth,
snapping it at a bite.

A TASTE OF BLOOD

There was the wood
the bramble spreading
I was there
and so were you
a taste of blood on my lips
a smile
Eve with a hint of the Garden
a fleeting smile on an infant's face
and fear coming crowding
in its wake.

AN TOBAR

1

Tha sùilean air cùl a rainich fhathast
's i air gann tiormachadh
feasgar doilleir, blàth,
tobar,
tobar sìolaidh gu mo ghrùid,
tobar lìonaidh do mo rùin.

Na freumhaichean a' sgaoileadh,
geal is gorm is dearg
'na do shùilean rainich
'na do thobar.

2

Le do fhreumhaichean
fada fon talamh,
air chrith le snodhach
no seargt,
tha do làn-fo-thuinn a' toirt mo chasan bhuam
ás ùr an dràsda,
's a' cuimhneachadh dhomh
nach do dh'atharraich nì
ach ainm is aogas.

3

Raineach ma mo mheadhon
ann am meadhon an t-samhraidh,
a' strì ri bruthach,
ga mo riasladh,
a garg suathadh air mo ghàirdeanan,
sgàthan na coille fo m' chasan,
teumadh nathrach
sa' bhruthainn ag at.

4

Faileas an uisge fhathast air a' chloich,
èiteag na blianna 'n uiridh,
a' bhòn-uiridh, uirigh air choreigin.
M'ulaidh, m'usgar ann an tuam,
le do chuisleanan còrcuir,
le do shlabhraidhean criostail
a' buannachd air mo chridhe.

THE WELL

1

There are eyes behind the bracken still,
newly dried,
an overcast warm afternoon,
a well,
well for my dregs to settle,
well for my love to fill.

The roots spreading,
white and green and red
in your bracken eyes,
in your well.

2

With your roots
deep in the ground,
quivering with sap
or withered,
your tide-under-the-skin sweeps me off my feet
anew now,
reminding me
that nothing has changed
save a name and a face.

3

Bracken to my waist
in mid summer,
straining against a brae,
tough going,
its rough stroking on my arms,
mirror of the wood under my feet,
an adder bite
swelling in the sultriness.

4

A trace of rain still on the stone,
quartz of yester-year,
the year before, some resting-place.
My treasure, jewel in a tomb,
with your crimson veins,
with your crystal chains
winning against my heart.

5
'Na mo chrùban aig doras na tobrach,
taiseachd an t-saoghail bho chian
'na tùis air mo bhilean,
ath-thilleadh an uillt
air a sgòrnan thioram,
dathan ag èirigh ás a sgàirneach.

An leac fhuar fo mo ghlùin,
's do ghuth a' tighinn ás an eadar-sholas:
"Fàg na tha sin fo na leacan."

6
Doilleir
troimhn taiseachd
far a bheil corra luibh a' greimeachadh ris na clachan,
a' sanais anns an t-sàmhachd,
fionnar air clàr m'aodainn
dh'fhairich mi na builgeanan
a' tighinn an àird troimhn uisge
's a' briseadh.

7
Air mo ghiùlan ann an cearcall
gu iomall eòlais
tha mi nis a' bualadh
anns a' bhalla
ás na thuit
a' chlach
bhon dàinig an cearcall.

8
Rasgan feòir ort
is moileanan fraoich,
is a' chlach 'na do theis-mheadhon.
Mi 'n dùil an toiseach ri gràdh
no tròcair
no aoibhneas,
ach cha robh fuil
ann an cridhe na tobrach.

5
Kneeling in front of the well,
the moistness of the old world
an incense on my lips,
the burn flowing back
on to the dry throat,
colours appearing from the scree.

The cold flag under my knee,
and your voice from the twilight:
"Leave all that under the slabs."

6
Dim
through the moistness
where an occasional plant holds on to the stones,
whispering in the stillness,
cool on my face
I felt the bubbles
coming up through the water
and bursting.

7
Carried in a circle
to the perimeter of knowledge
I now strike against
the wall
from which the stone
fell
that started the circle.

8
Grass eyelashes
and heather eyebrows
and the stone in your midst.
At first I expected love
or mercy
or joy,
but there was no blood
in the well's heart.

9
Thuirt iad rium gu robh bùrn-èirigh fon a' chreig
's mi ann an tìr na grèine;
bha solas geal ann
gun sgàile,
agus chuimhnich mi air an t-srùp
ri taobh an làin,
's air an àile
bharr uachdar na mara,
's air blas an t-sàile.

10
Ag iarraidh fon an talamh
far a bheil na freumhagan sin gar slaodadh
's na feòragan nan taigh-geamhraidh,
a chionn gu bheil Mercury 'na dubhfhacal fhathast
is Bhènus air sgur a phriobadh,
's na speuran duilich an cothachadh.

11
A' lorg, 's a' leth-chuimhneachadh,
's a' tilleadh falamh—
bha ceò ann gun teagamh,
is ciùthranaich mhìn air d'aodann—
thill mi ma dheireadh air latha grianach;
mo ghlùin 's mo làmhan air an lic,
m'aodann ri d'aodann
shaoil mi 'n toiseach,
ach dh'fhàs mo shùil cleachdte ris an dorch,
's chan fhaca mi ach faileas anns an uisge.

12
Tha mi nis air ais air an t-slabhraidh,
cùirnean is gath grèine a' tighinn troimhe
le sithidhean orainds is purpuir,
criostal a' fàs anns an fhuachd,
anns an taiseachd,
ceangailt is cugallach,
cearcall
ag at air là bruthainneach,
raineach a' sgaoileadh shìos agus shuas,
builgean ag iarraidh gu cridhe na tobrach.

9

They told me there was spring-water under the rock
when I was in the land of the sun;
there was a white light
with no shade,
and I remembered the spring
by the sea's edge,
and the breeze
blowing over the sea,
and the taste of brine.

10

Drawn underground
to where these roots pull us,
where the squirrels have their winter-house,
since Mercury is still a conundrum
and Venus has stopped winking,
and the firmament is difficult to attain.

11

Seeking, and half-remembering,
and returning empty-handed—
there was indeed a mist
and fine rain on your face—
I went back at last on a sunny day:
on hands and knees on the slab,
my face against yours
I thought at first,
but my eye grew used to the dark,
and all I saw was a shadow in the water.

12

I am now back on the chain,
a drop the sunbeam shines through
with orange and purple thrusts,
a crystal growing in the cold,
in the moistness,
attached and precarious,
a circle
swelling on a sultry day,
bracken spreading above and below,
a bubble making for the heart of the well.

Dàin ás Ùr

FOSGLADH NA CISTE

Cha leig mi leas
seasamh aig d' uaigh ath-fhosgailte,
tha an sgaradh ann,
an ceann air gluasad
bhon bhràighe,
an aoidh air seacadh,
tha a' mhaoil rocach,
am muir dearg,
an dèidh a rotaich,
socair fuaighte,
tha na cuisleanan geàrrte,
an sgòrnan dùinte,
tha ciùine
air tighinn á fosgladh na ciste.

BÀIRNEACH

Fuaighte ris a' chreig,
pìobagan
a' sùghadh ris a' chìch sin
a dh'aindeoin sàthadh
is suathadh na mara,
cò riamh a rug air bàirneach air a chorra-biod?
Chan eil latha
nach lorg mi lorg
den t-saoghal sin air mo smuain,
suathadh slinnein,
faileas sgòtha air cladach grèine,
's am muir, a dh'fhàg mi ri rèisgeadh,
a' lìonadh 's a' sùghadh
's a' brìodal ris a' chìch sin.

THE OPENING OF THE COFFIN

I need not
stand at your re-opened grave,
the separation has taken place,
the head has moved
from the throat,
the peninsula/joy has contracted,
the headland/brow is wrinkled,
the sea red
after the raging storm,
at rest, knit together,
the arteries are severed,
the throat is closed,
peace
has come from the opening of the coffin.

(Remembering Berlioz, who saw his first wife being exhumed from the grave in which she had been buried eight years previously. In the Gaelic original there is some play on the double meanings of words like *bràighe* and *aoidh*, names associated with the Point peninsula in Lewis)

BARNACLE

Fast to the rock,
tubules
sucking at that breast
in spite of the sea's
thrust and throb,
who ever caught a barnacle on tiptoe?
Every day
I find a trace
of that world in my thought,
brush shoulders,
see cloud-shadow on sunny beach,
while the sea, which left me high-and-dry,
fills and sucks
and caresses that breast.

GAOTH AN IAR-'EAS

Gaoth an iar-'eas air mo mhaoil
le suathadh fliuchaidh,
m'anail 'nam uchd,
mar gum b'e 'n dè a bh'ann
an àite latha samhraidh
o chionn ochd blianna deug ar fhichead,
am muir 's a' ghainmheach
cho seasmhach, mì-sheasmhach
ri m'anail 'nam ochd
blianna deug ar fhichead,
's na seachd-deug a bh'ann roimhn latha sin.

Gaoth an iar-'eas bhon Chuan Shiar
a' togail leatha 'nan dlòthan
a' chlòimh-liath air na badanan fraoich sin
's na stràbhan connlaich,
's a' togail na gainmhich
òirlich bheaga os cionn na tràghad
's ga cur 'na laighe
mar a bhà i.

Gaoth an iar-'eas ri stuagh mo thaighe,
a' fiachainn fon an tughadh,
ag iarraidh chun a' cheangail,
a' strì ris a' ghad-droma,
a' miannachadh an siaman
a sgaradh bhon an acair.

COMAIR

Ann an coileid na stràide,
ann an còmhradh nan ceannaichean,
cluais ri claisneachd fo bhùrail chàraichean
's fo bhrunndail luchd-poilitics,
traon air feasgar samhraidh,
bùrn a' deocadh clachan-aibhne,
agus thuig mi 'n tilleadh
's co leis a thill mi.

SOU'-WESTERLY WIND

Sou'-westerly wind on my brow,
a moist caress,
my breath catching
as though that had been yesterday
rather than a day in summer
thirty-eight years since,
the sea and the sand
as lasting, unstable
as my breath caught in
those thirty-eight years,
and the seventeen before that day.

Sou'-westerly wind from the Atlantic
sweeping away in handfuls
the fungus on those clumps of heather,
and wisps of straw,
lifting the sand
a few inches off the shore
and putting it back
as it lay.

Sou'-westerly wind on my house gable,
feeling under the thatch,
trying to catch the rafters,
wrenching at the ridge-pole,
wanting to tear the heather-rope
away from its anchor.

COMRIE

In the street's bustle,
amid the talk of merchants,
an ear alert despite the hum of cars
and the bumbling of politicians
hears a corncrake on a summer evening,
water sucking river-stones,
and I understand why I returned
and what I brought with me.

Ged tha cnàmhan is feòil 'nan ceangal
cha tàinig buidhre
eadar mi is beatha
fhathast.
Tha borbhan comair
'na mo spiorad.

Ann an Comaraidh, 24:9:78.

NUAIR A THÀINIG AN T-EARRACH

Nuair a thàinig an t-Earrach
's a chaidh aol air do chuimhne
cha b'e gu robh mo dhòchas ri gaisean,
cha robh ann ach an cleachdadh
a' tighinn am bàrr ann an tìr a' ghainntir.

An t-aol 's an gaisean cleachdach
a-nis rin toirt ás an toinneamh,
ás an todhar,
's an rìbhinn ri thighinn ás an tom.

BÀS SONA*

Agus thàinig an sin an reothadh
gun dùil ris,
's na bha ris, reòdh e;
dh'fhalbh ar dùil
anns an dubh-reothadh;
ar dòchas, a bha dearg,
stad e shruthadh;
thionndaidh ar diù gu deigh.

* B'e Sona cat a bh'againn ann an Glaschu.

FUAIM-DHAN

"Thig a-steach ás an fhuachd"
—a' ghaoth ud, gun chàil aic' air am buaileadh i,
a' sileadh dhan an dorch;
fead, O gàir, feadarsaich
eadar fhiaclan,

Though bones and flesh are a fetter
deafness has not come
between me and life
yet.
There is a tumbling of burns in confluence
in my spirit.

gaoir, fad-ghaoir na gaoithe
gal, 'g eubhach
glòir dhan Tì as àirde,
glòr, glamhadh, glòr,
gleadhar, glaodh,
glaodh, glaodh,
giùlan,
glamhadh,
guth.

ANN AN GAILLIMH

Sìoda reamhar ruadh na Spàinne
'na thaod ma m'amhach
ga mo theadhradh
feasgar samhraidh
ris an linn ud eile
anns a bheil a' bhirlinn a' seòladh
's mo làmh air an stiùir òir;
gabh mo leisgeul
ma dh'fhàs an t-òr fann,
chan eil ann
ach nàdur an òir
is sìoda tìm ga shuathadh.

CAITEAN AIR UACHDAR LOCH EIRIOSORT

Caitean air uachdar Loch Eiriosort
's an t-anmoch ann,
bha an latha samhraidh fada,
gruth is bàrr a' coinneachadh:
tha an gaol a leanas fada
duilich a chur an cèill.

AN CEAP BHREATAINN

Chunnaic mi chraobh ri làr an Ceap Bhreatainn:
bha na cnuimhean air a bhith sàs innt,
a' spiolladh nan duilleag,
a' toirt a' chrìdh as an durcan,

IN GALWAY

The thick red silk of Spain
a rope round my throat,
tethering me,
on a summer evening
to that other age
in which my galley is sailing,
with my hand on the golden tiller;
forgive me
if the gold has grown faint,
it is only
the nature of gold
when the silk of time rubs it.

A RUFFLING ON THE SURFACE
OF LOCH ERISORT

A ruffling on the surface of Loch Erisort
at evening,
the summer day was long,
crowdie and cream meeting:
love that lasts long
is hard to put into words.

IN CAPE BRETON

I saw the tree lying on the ground in Cape Breton:
the spruce-bugworm had been at it,
stripping the leaves,
eating the heart out of the cone,

ga liathadh roimhn mhithich,
's mu dheireadh
thuit i rag-mharbh air a tarsainn.
Their cuid de eòlaich
gun tig am faillean an-àird
gun ghaoid ann
ann a fichead blianna
's gun tig tarsannan as a' choill fhathast,
's their cuid cuideachd
nuair a thig an dara fàs
air coille a leagadh
gun tig an giuthas Lochlannach ann
nas duibhe na dubh-uaine.
Is dòcha
nach eil ann a sin ach seanchas.

AODANNAN

Tha aodannan leathainn
nam Micmac 's nan Eskimo
duilich am mùchadh:
chì mi ban-Innseanach
air chùl nan griogagan
am bùth a Halifax;
chuala mi mu bhan-Eskimo
am Montreal—
cha bu dùirig dhi
an cuireadh a dhiùltadh
a dhol a laighe
le fear nach b'fhiù leath'—;
's ged a tha aodannan
nan Ameireaganach plaomach
chan ionnan an gaol
ris an dùthaich dhùir seo;
chan eil a blonaig air an gruaidh.
Uime sin
cuiridh mi m'aghaidh
air mo dhùthaich fhìn,
air a bheil an aghaidh-choimheach,
gun fhios nach gabh i
uair no uair-èiginn
suathadh dhan a' bhlonaig.

turning the tree gray before its time,
and at last
it fell stiff-dead on its beam-end.
Some of those who know
say that the shoot comes up
unblemished
after twenty years
and that the wood will yield beams yet,
and some say, too,
that when a felled forest
comes to its second growth
the spruce comes in
darker than dark green.
Perhaps
that's only a yarn.

FACES

The broad faces
of the Micmacs and Eskimos
are hard to eradicate:
I see an Indian woman
behind the beads
in a shop in Halifax;
I heard of an Eskimo girl
in Montreal—
she felt she shouldn't
refuse the invitation
to sleep with
a fellow she didn't like—;
and though the faces
of the Americans are bloated
they don't relate in the same way
to this dour land:
they don't have its blubber on their cheeks.
So
I shall turn my face
to my own country
that wears the foreign face (mask),
in case it accepts
sometime or in some extremity
an application of blubber.

AN DÀ LÀ

'Na do shuidhe 'na do sheòmar fhèin
anns an taigh-eiridinn,
gach goireas ri do làimh,
am bureau a bh'agad anns an drawing-room,
am bòrd-fuaigheil le na drabhraichean snasail,
làn shiùcairean,
an còta-bian air uachdar a' ghun-oidhche,
's na h-ìnean dearga—
car rapach—
gach nì pàighte
le d' airgead fhèin,
's e sin an t-airgead a dh'fhàg an duin' agad;
saoghal ann an òrdugh
ged a sguir thu leughadh a' phàipeir:
tha 'm bancair tuigseach;
tuigidh fear-leughaidh leth-fhacal.

Gus an tig na h-oghaichean lem màthair,
's na h-iar-oghaichean,
làn còmhraidh
nach eil thu tuigsinn,
gus an can thu riutha
"Eil fhios an tàinig litir bho Chalum Sheòrais fhathast,
á Ameireaga-a-deas?"
Dh'fhaodadh nach eil cuimhn' ac' air—
1908 a bh'ann'—
ach nach saoileadh tu gum bruidhneadh iad Gàidhlig riut?

FACAIL

Nuair a thig a' bhalbhachd
oirnn, nuair nach dùisg
am facal mac-talla,
nuair nach cluinn
an talla mac-facail,
nuair a shìolaidheas an sùgh
a tha cumail lìomh ann an ruith na cainnte,
saoil am bi sinn ann idir,
a seas an ìomhaigh
anns an àile thana sin?

CHANGED DAYS

Sitting in your own room
in the nursing home,
whatever you need to hand,
the bureau you had in the drawing-room,
the sewing-chest with the handsome drawers,
full of sweeties,
the fur-coat worn over the night-dress,
and the red fingernails—
a little blotched—
everything paid for
with your own money,
that's to say the money your husband left you;
a world ordered
though you've stopped reading the newspaper:
the banker is understanding;
a man who reads can take a hint.

Till the grandchildren come with their mother,
and the great-grandchildren,
full of talk
you don't follow,
until you remark to them
"Have you heard if word has come from Calum son of George yet,
from South America?"
Perhaps they don't remember him—
1908 it was—
but wouldn't you think they would talk to you in Gaelic?

WORDS

When stillness comes
over us, when the word
does not waken an echo,
when the hall does not hear
the son-word,
when the sap subsides
that keeps a glow in the rhythm of speech,
will we, I wonder, exist at all,
will the image survive
in that thin air?

Nuair nach fidir
fear-leughaidh gu bheil facal
a-mach ás àite
a dh'aon-ghnothaich,
nuair a bhios an obair-ghrèis
air a tharraigneachadh ris an t-sìoda,
nuair a bhios an ceòl
flat,
saoil a soirbhich
an gaol?

EARAIL AIR LUCHD-ADHRAIDH A' BHEOIL-AITHRIS

Air Oidhche Shamhna
iarraidh mi ort do cheann a chur ann am baraille
's leig leamsa m'ubhal ith.

Air Oidhche Shamhna
feuch an teid thu mhullach an taigh'
's tuit troimhn fhàrlas dhan a' phoit bhrochain.

Air Oidhche Shamhna
bi cinnteach gun cagainn thu do chnothan
gun fhios nach toir thu piseach air neach.

Air Oidhche Shamhna,
nuair a chuireas tu ar samhradh dhan an uaigh,
na can earrach ri ar geamhradh.

RABAIDEAN

Rabaid,
ann a solas a' chàr
gus a bhith sàbhailt
air taobh thall an rothaid
nuair a dh'fhairich i 'n cunnart,
nuair a bhuail a' mheatachd i.
Thill i.
Tuigidh tu
gu bheil searmoinean ann a rabaidean
Albannach
am blianna.

When the reader does not notice
that a word
is out of place
deliberately,
when the embroidery
is tacked on to the silk,
when the tune
is flat,
will love, I wonder,
prosper?

Gaelic *mac-talla* ("echo") looks like "son-of-hall,"
though it means "son-of-rock."

A WARNING FOR FOLKLORE WORSHIPPERS

On Hallowe'en
I'll ask you to put your head in a barrel
and leave me to eat my apple.

On Hallowe'en
be sure you climb on to the roof
and fall through the smoke-hole into the porridge-pot.

On Hallowe'en
make sure you chew your nuts,
better that than propagate.

On Hallowe'en
when you consign our summer to the grave
do not call our winter spring.

RABBITS

A rabbit
in the car's headlight
almost safely
across the road
when it sensed danger,
when fear struck it.
It turned back.
You realise
there are sermons in rabbits
(Scottish ones)
this year.   *(1979)*

ADHLACADH UISDEIN MHICDHIARMAID
13.9.78

Bha gaoth mhòr ann an Newton Wamphrey
's an t-uisg' a' dòrtadh air Beattock
ach a-measg nan cnoc ann a Langholm
ciùthranaich air feur gorm,
cladh fàsmhor,
fàilte,
ceòl mìn aig deireadh an latha,
ceòl mòr anns a' chuimhne.

DO MHÁIRTÍN Ó DIREÁIN

Chuir thu Árann an sàs
ann an glanadh fuil na h-Eireann,
chuir thu casg air a' bhàs.

Chuir thu an deò
anns an fhilidheachd Ghaeilge fadó,
tha do chainnt beò.

Fear mòr
dhen Fhèinn a dh'èirich air uilinn
's a rinn glòr.

(Air a sgrìobhadh ann an taigh-cofaidh air Stràid Ghrafton, am Baile Átha Cliath, an là a fhuair Máirtin Ó Direáin an Duais Oiseanach, 4:10:77).

DAORACH OLA

Nuair a ràinig an ola
air sgamhan a' bhodaich
thàinig a chasdaich gu ceann,
greiseag.
Ged 's fada ol' á tobar chàich
theid i dhan a' cheann aige fhathast.
B'e 'n Call-a-ghan a' bhodach.

HUGH MACDIARMID'S BURIAL
13.9.78

There was a high wind in Newton Wamphrey
and the rain was teeming in Beattock
but among the hills in Langholm
a soft drizzle on green grass,
a kirkyard of growth,
welcome,
soft music at the end of the day,
big music in the memory.

OIL BINGE

When the oil reached
the old man's lungs
his coughing stopped
for a while.
Though oil from others' wells lasts long
it will go to his head yet.
Hard luck on Callaghan.

(It is not possible to get the Gaelic pun on
Callaghan/"hard-luck-for," to work in English).

SNEACHD AIR AN DUTHAICH

Chunna mi Alba geal,
sneachd air gach beinn is sliabh,
criostal-gheugach, lainnir-mhadainneach,
le uisge a' ruith fhathast anns na h-uillt,
le gilead tìr a' gheallaidh gu fàire.

Agus an uair sin chuimhnich mi air Glaschu,
is air an Eaglais Bhric,
air Cowdenbeath 's air Lesmahagow
. . .

Agus chuimhnich mi air na h-Eileanan,
air Leòdhas beag
donn fo shailleadh an t-siabain
. . .

Chuimhnich mi air mo chridhe fhìn.

ALBA v. ARGENTINA, 2/6/79
(mìos ás dèidh Taghadh na Pàrlamaid, 3/5/79)

Glaschu a' cur thairis
le gràdh dùthcha,
leòmhainn bheucach
air Stràid an Dòchais,
an Central
mùchte le breacan,
cop air Tartan bho mhoch gu dubh,
is mùn nam fineachan air a' bhlàr;
iolach-catha a' bàthadh bùrail nam busaichean—
Sco-o-t-land, Sco-o-t-land—
Alba chadalach,
mìos ro fhadalach.

COUNTRY UNDER SNOW

I saw Scotland white,
snow on mountain and moor,
crystal-branched, morning-sparkling,
with water still running in the burns,
with the whiteness of the land of promise to the horizon.

And then I remembered Glasgow,
and Falkirk,
Cowdenbeath and Lesmahagow
. . .

And I remembered the Islands,
little Lewis
brown under spindrift's salting
. . .

I remembered my own heart.

SCOTLAND v. ARGENTINA, 2/6/79
(a month after the General Election, 3/5/79)

Glasgow erupting
with patriotism,
growling lions
on Hope Street,
the Central
choked with Tartan,
foaming from dawn to dusk,
and clansmen's piss on the battlefield;
the battle-cry drowning the buses' drone—
Sco-o-t-land, Sco-o-t-land—
sleepy Scotland,
a month late.

CUDROM NAN LEACAN

Chùm cudrom nan leacan anns an uaigh sinn:
Castlemilk is Easterhouse,
Gorgie is Northfield,
is iomadh leac eile air nach eil ainm agam;
leacan le uinneagan beaga annta,
is leacan eile air fàire;
biodh fois air an dùthaich,
ged tha 'n t-sìth mar a chumar i;
tha taigh againn
is TV,
's an *Record*,
is Rèidio Chluaidh
a' cluich aig an adhlacadh;
tha an uaigh againn glè chuideachdail

1707-1979

A' coiseachd aon an dèidh aoin
air slios na beinne
gus na dh'fhàg na casan
làrach dhubh troimhn fhraoch,
cas-cheum
a' seachnadh nan clachan,
a' gabhail na slighe as fhasa
troimhn gharbhlaich;
foghar an dèidh foghair
a' treòrachadh nan uan
chun an t-seann ionaltraidh,
a' chìob
a tha beò air a' ghoirt
mhilis eòlach.
'Si a' cheist
a bheil rathad eil' ann,
ionaltradh ùr,
gun teist,
a bheil borrach
air a' chàthair bhuan sin,
crìoch air a' chluain ud
a dh'fhàs cho cianail
fad dà cheud, dhà dheug 's trì fichead blianna?

THE WEIGHT OF THE STONES

The weight of the stones kept us in our grave:
Castlemilk and Easterhouse,
Gorgie and Northfield,
and many another stone I cannot name;
stones with small windows,
and other stones on the horizon;
let there be peace over the land,
though peace needs keeping:
we have a house,
with TV,
and the *Record*,
and Radio Clyde
plays at the funeral;
our grave is very companionable.

1707-1979

Walking in single file
on the mountain side
so that the feet left
a black track through the heather,
a foot-path
which avoided the stones,
taking the easy way
through the rough country;
autumn after autumn
leading the lambs
to the old pasture,
the sheep/deer's-hair
that survives on
the sweet long-known scarcity.
The question is:
Is there another road,
fresh pasture,
unattested,
sweet meadow-grass
on that endless skinned moor,
an end to that pasture/deceit
which has been there so long,
for two hundred and seventy-two years?

ÀIRC A' CHOIMHCHEANGAIL

1
Ged a ghabh sinn caochladh shlighean

Ged a ghabh sinn caochladh shlighean,
ged nach b'e 'n aon chrois a bh'air a' chrann againn,
ged a bha mo bhilean toibheumach,
thuigeadh tu, is dòcha, an rud a bh'ann.
Ged nach canainn e,
air eagal do phianadh,
's nach fhaighnicheadh tu
air eagal gun dèanainn breug riut,
bha rudeigin ann
a chumadh rian air ar dòchas,
ged a dh'iarradh tusa cinnt
's nach robh dòchas sa' chinnt dhòmhsa.
Ged a bha geamhradh is samhradh ann,
fèath is gèile,
teagamh is ceist is freagairt,
ged a bha brèanloch ann
bha talamh rèidh ann.
Ged a bha 'm bàs ann
cha do ghabh am bàs grèim oirnn.

2
Nuair a dh'fhosgladh tu an leabhar sin

Nuair a dh'fhosgladh tu an leabhar sin
bha fios agad gun tigeadh fìrinn thugad,
gun laigheadh do chorrag air earrainn;
bha neart 'na do chreideamh.
Dh'fhairich mi an neart sin
air mo chuisle,
bha a bhlàth
air uachdar mo phòraibh
ged nach robh mo chorrag cho cinnteach.

THE ARK OF THE COVENANT

1
Though we took different roads

Though we took different roads,
though it was not the same cross we had on our shields,
though my lips were blasphemous,
you would, perhaps, understand.
Though I would not say it,
for fear of hurting you,
and you would not ask,
fearing I might lie to you,
there was something there
that kept hope in balance,
though you wanted certainty
and certainty held no hope for me.
Though there was winter and summer,
calm and storm,
doubt and question and answer,
though there was a quagmire
there was level ground there.
Though death came
death did not take hold of us.

2
When you opened that book

When you opened that book
you knew that a Biblical truth would come to you,
that your finger would come to rest on a text;
there was strength in your belief.
I felt that strength
in my pulse,
its bloom,
was on my pores
though my finger was not so sure.

3
An Ceistear

"An dùil,"
ars an duine caomh rium,
"am bi sinn còmhla ri chèile
anns an t-sìorraidheachd?"
Ceist fhuar ann am meadhon an t-samhraidh.
Bha i na b'fhaisg aire-san,
's bha e 'n geall oirr';
bha an t-àit' ud
dha mar dhachaigh nach do dh'fhidir e
bho thùs òige,
tlàth ann an suaineadh na cuimhne,
seasgair ann am brù mac-meanmain,
ach mireanach mar adhar earraich;
bha e coiseachd thuice
troimh mhàgh sheargte,
troimhn an fhàsach
ás an èireadh na beanntan,
's air chùl fàire
bha tobar is teinntean.
Bha e 'g iarraidh
gu lorgadh a chàirdean an t-slighe,
's gu ruigeadh iad air a socair fhèin;
cha robh e cur cabhaig orra,
chan eil dùil no cabhag anns an t-sìorraidheachd.

4
Dòmhnall Rodaidh

Nuair a thogadh tu na sailm
bha sinn air ar giùlan
air na pongan slaodach sin
gu ionad eile:
leitheach slighe eadar Canaan is Garrabost,
le craobhan iongantach a' fàs ás a riasg,
gruth is òr-mheasan air a' bhòrd,
ainmean is àiteachan fad-ás,
daoine coigreach le plèid is currac orra,
Rut 's Naòmi am bun na lota,
Iòseph a chaidh a dhìth air an *Iolaire*.

3
The Catechist

"Do you expect,"
said the kindly man to me,
"we shall be together
in eternity?"
A cold question in midsummer.
It was closer to him
and he longed for it;
that place
was to him like a home he had not known
since early youth,
warm in the folds of memory,
sheltered in the imagination's womb,
but merry like a spring night-sky;
he was walking towards it
over a withered plain,
through the wilderness
out of which the mountains would rise,
and beyond the horizon
there was a well, and a hearth.
He wanted
his friends to find the way,
and they would arrive in their own good time;
he did not hustle them,
there is neither expectation nor hustling in eternity.

4
Donald Roddy

When you began the psalm
we were transported
on these leisurely notes
to another place:
half-way between Canaan and Garrabost,
with marvellous trees growing in the peat,
crowdie and oranges on the table,
far-off names and places,
foreign people wearing plaid and mutch,
Ruth and Naomi at the foot of the croft,
Joseph who was lost on the *Iolaire*.

5
An Talla

Bha eòlas nam bliannachan agad
air an talla sin;
mar a bha e air a sgeadachadh,
far an robh na colbhan
's an dèanamh a bh'orra,
agus an rìgh-chathair;
agus bu tric a rinn thu còmhradh
ris an Fhear a bha 'na shuidh oirre;
bha thu cho eòlach Air
's ged a b'ann á Beàrnaraigh a bha E.
Cha chuala mi riamh dè 'n t-eathar
a bha gu bhith agad a' dol a-null
ach cha robh e dol a thoirt dìreach *wheep*.

6
A' Bheatha Mhaireannach

Bha a' bheatha sin
gu bhith maireannach;
cha tigeadh galar nan còig oidhch' oirr'
no foill caitheimh;
cha chuireadh suaile gu grùnnd i,
no maor chon na sitig;
bha i tèaraint' bho shàthadh beugaileid,
cha toireadh fiabhras gu ceann i.
Bhiodh i milis
le ìm is iasg,
is carthannachd,
laoidhean is sailm,
coibhneas fo phlaide
is lit sa' mhadainn.

7
Iasgairean

Iasgairean a bh'annta fhèin
cuideachd.
Bha am muir na b'fhiadhaiche,
bha na creagan aosda greannach
ged a bhiodh grian orr',

5
Familiarity

You had the knowledge of long years
of that hall;
how it was adorned,
where the pillars were
and how they were shaped,
and the King's throne;
and many a time you talked
with the One who sat on it;
you knew Him as well
as though He came from Bernera.
I never heard what boat it was
you were to have on the journey over
but the passage was to take merely a moment.

6
Everlasting Life

That life
was to be everlasting;
no fifth-night fever would overtake it,
nor wily tuberculosis;
a sea-swell would not put it to the bottom,
nor a ground-officer turn it out of doors;
it was safe from bayonet thrust,
fever would not bring it to a close.
It would be sweet
with butter and fish,
and good company,
hymns and psalms,
favours under the blanket
and porridge in the morning.

7
They themselves were fishermen

They themselves were fishermen
too.
The sea was wilder,
the ancient rocks more surly
though the sun shone on them,

ach bha 'n aon mhiann
's an aon acras air a siubhal,
's bha na daoine dhan innseadh iad a sgeul
a cheart cho faisg air an talamh,
is eòlach air na clachan,
co-dhiù airson ballaist,
is thuigeadh iad buaidh
an Fhir a thionndaidheadh iad gu aran
no a ghluaiseadh te mhòr dhiubh bho bheul 'uaigh.

8
Adhradh mara

A' dol a-null air an eathar dhan an eaglais,
deise dhorch is leine gheal is aodann ruiteach,
crògan mòra 's ràimh umhail,
tùis an t-siabain 's tùis na h-ùrnaigh
a' dol 'nan aon,
adhradh bho àite-seòlaidh gu cala.

9
A' gabhail an Leabhair

Air ar glùinean,
uilnean air a' bheing,
sìorraidheachd bheag na maidne,
's an cù saor
a' dabhdail air an rathad;
O, nan tigeadh cairt!
An gleoc a' bualadh deich,
's mo sheanair a' stobadh fhacal
dhan ghleadhraich;
uiseag
a' bruidhinn ris a' Chruthaidhear;
ràmh ga thoirt air bòrd;
dìosgail bhac sa' bhàgh.
"Cluinnidh Tu a h-uile facal a their sinn riut
anns an t-sàmhchair seo,
air do mhadainn naoimh."
Fuaim eagallach aig na h-uighean a' plubraich sa' phana.

but they lived with the same desire
and the same hunger,
and the people to whom they told their story
were just as close to the ground,
and familiar with stones,
especially for ballast;
they could understand the power
of One who could turn stones to bread
or move a huge one from the mouth of His grave.

8

Going over to church by boat

Going over to church by boat,
dark suits, white shirts and ruddy faces,
large fists, obedient oars,
incense of spindrift and incense of prayer
coalescing,
worship from sailing-point to harbour.

9

Taking the books

On our knees,
elbows on the bench,
the morning's little eternity,
the dog free
to stroll along the road;
O for a cart!
The clock strikes ten
and my grandfather jabs words
into the racket;
a lark
talking to the Creator;
an oar being shipped;
creaking of rowlocks in the bay.
"You can hear every word we speak to You
in this peace,
in Your sacred morning."
The eggs make a fearful din jumping in the pan.

10
Bòidhchead air a crosadh

Bu duilich gun robh bòidhchead air a crosadh:
bha na ballachan dìreach, lom,
bha na h-uinneagan ceithir-cheàrnach,
cha tàinig blàth air an diosteampair,
bha e 'na pheacadh a dhol air do ghlùinean
anns an eaglais,
stòladh ás aonais stùil,
bha na solais geal, is fuar,
ach bha aon chrois ann,
air pìos sìoda air a' chùbainn;
cha robh a' chrois air a crosadh buileach.

Bòidhchead air a smàladh,
falt air theannachadh fon a' phrine,
ruaig air ghrìogagan,
gach nì ag iarraidh gu dubh
's gu dubhachas,
ach dh'èireadh fiamh a' ghàire,
cho fann ri diosteampair,
aig ceann an t-suidheachain
an àm sgaoilidh,
fàsgadh làmh anns a' phorcha,
is corra ghàire air a' bhlàr-a-muigh.
Anns a' chàr
dh'fhaodadh tu lachan a dhèanamh,
air do shocair.

Ach air a shon sin
bha an eaglais mar iodhal,
ged nach robh sùilean fiar innt',
righte, fuar,
gun charachadh,
duilich suathadh innt',
gun sgàile tionndaidh,
sùil fhuar 'na bathais
air an druim a' dol a-mach á fianais,
màrmor fo phòig,
cridhe cloich innte.

Bha corra dhuine ann
a thug am bòidhchead innte 's aisde
's cha deach i 'na smàl.

10
Beauty forbidden

It was sad that beauty was forbidden:
the walls were straight and bare,
the windows square,
the distemper had not mellowed,
it was a sin to kneel
in the church,
schooling without stools,
the lights were white and cold,
but there was one cross,
on a piece of silk on the pulpit;
the cross was not entirely forbidden.

Beauty damped down,
hair tightened with pins,
beads banished,
everything tending to black
and melancholy,
but a faint smile would appear,
thin like distemper
at the pew end
as we dispersed,
a gripping of hands in the porch,
an occasional laugh outside.
In the car
you could laugh outright,
but quietly.

But for all that
the church was like an idol
though it did not have squinting eyes,
stiff, cold,
unmoving,
difficult to touch,
with no shadow of turning,
a cold eye in its temple
on the back going out of sight,
kissed marble,
a heart of stone in it.

There were occasional people
who took their beauty in and out of it
without its going up in flames.

11
Iomradh air an fheadhainn a chaidh dhachaigh
(a' chiad Shàbaid de January, 1979)

Ian Chaluim Eòghainn, as Na Fleisirean,
air a leithid seo a latha:
  e fhèin 's a bhean glè ghaolach air a chèile,
  teaghlach mòr aca, is oghaichean,
  taigh làn 's a' cur thairis,
  fialaidh 'nan gnè,
  pailteas a' struthadh thuca,
  na Leabhraichean aca moch is anmoch:
  àite falamh anns an dachaigh a-nochd.

Calum Mhurchaidh Fhionnlaigh, á Pabail,
air an là seo eile:
  duine bha dona gu deoch 'na òige,
  's gu boireannaich,
  mus tàinig caitheamh ann;
  tha mhàthair 's a phiuthar beò fhathast,
  tha iad ag ràdh
  gur iadsan thug a-steach e
  aig na h-òrduighean mu dheireadh,
  cha robh e fada staigh.

Niall Alasdair Thormoid, á Garrabost,
air Là na Bliann' Uire:
  ceannaiche,
  ghlèidh e mhin anns a' chiad chogadh
  gus an deach a' phris an àird—
  cha robh i buileach air grodadh—
  bha 'n tombac' aige daor
  's bha e trom air;
  càmhail aige ga faicinn anns an trom-laighe,
  fàsach gun bhrat-ùrlair am fianais.

Màiri Eachainn Mhòir, ás a' Chnoc,
a sheachdain gus a-nochd:
  chailleadh an gille bha dol ga pòsadh
  anns an Fhraing,
  deireadh December
  1917.

11
An intimation of those who have gone home/died
(First Sabbath of January, 1979)

Iain son of Calum son of Ewen, from Flesherin,
on such-and-such a day:
    he and his wife were very loving,
    had a large family, grandchildren,
    a house full and overflowing,
    generous by nature,
    rich in the world's goods,
    they took the Books morning and evening:
    an empty place in the home tonight.

Calum son of Murdo son of Finlay, from Bayble,
on another day:
    a man who was heavy on drink in his youth,
    and fond of women,
    until he contracted TB;
    his mother and sister survive him,
    it is said it was they who brought him in
    at the last Communions,
    he wasn't a member for long.

Neil son of Alexander son of Norman, from Garrabost,
on New Year's Day:
    a merchant,
    he hoarded meal during the First War
    until the price went up—
    it had not quite gone bad—
    his tobacco was dear
    and he smoked heavily:
    he was seeing camels in his nightmares,
    a desert with no carpet to be seen.

Mary daughter of Big Hector, from Knock,
a week ago tonight:
    the boy who was to marry her was lost
    in France,
    at the end of December,
    1917.

12
Urnaigh Iain Ruaidh

Tha Thu ann a shin
'na do shuidhe air a rìgh-chathair
's chan eil nì dol seachad ort;
cuige rèist a leig Thu dhuinne
a dhol cho fada air seacharan,
carson a rinn Thu foighidinn
nuair a dh'èisd sinn ri buille na cuisle,
nuair a thuirt an t-sannt ruinn
"Gabh 's na diùlt,"
nuair a rag an uaill ar cogais?
Cuime dh'fhàg Thu 'n dall-bhrat air d'eaglais
aig àird a' mheadhon-latha,
's a mhùch Thu choinneal
nuair a bha sinn a' sireadh d' altair?
Sinne th'air moglachadh 'na do lìon,
na caomhn do sgian oirnn.

13
Whipear-in

Ceann mòr le cnuaic fuilt air
anns an t-suidheachan-mhòr,
leòmhann na blianna 'n uraidh,
Mongan 'na òige;
nuair a dh'èireadh sinn air an ùrnaigh
chuireadh e aghaidh air a' choithional,
na sùilean mòra a' laigh air gach sreath,
crois mu choinneamh gach duine bha làthair:
whipear-in a bh'ann, a Shàbaid 's a sheachdain,
ach glè glè umhail dhan a' Mhaighistir.

14
Breitheanas no cothrom

Cudrom na cist' air an eileatrom,
air a' ghàirdean
leis na phut thu mach air an eathar e,
meadhon a' chogaidh,
's tu toirt breith;
thug am Britheamh cothrom eile dha,
is dhutsa;
a bhreitheanas air ruighinn a-nis,
no a chothrom?

12
Red John's Prayer

There You are
sitting on the throne,
noticing everything;
why then have You let us
go so far astray,
why were You patient
when we listened to the pulse's beat,
when greed said to us
"Take, do not refuse,"
when pride hardened our conscience?
Why have You let Your church stay blindfold
in the bright sun of midday,
and smothered the candle
when we were seeking Your altar?
We who are entangled in Your net,
do not spare the knife on us.

13
Whipper-in

A great head with a mop of hair
in the elders' pew,
lion of yesteryear,
a Mongan in his youth;
when we stood at the prayer
he would face the congregation,
the great eyes resting on every row,
a cross opposite each person present:
he was a whipper-in, Sunday and weekday,
but very, very respectful towards the Master.

14
Weight of coffin on bier

Weight of coffin on bier,
on the arm
with which you pushed him out of the boat,
in the middle of the war,
passing judgement;
the Judge gave him another chance,
you too;
his judgement has reached him now,
or his opportunity?

15
Air a' Cheist

Nuair a dh'èireadh tu air a' cheist
bha na suidheachanan fada a' dol á fianais,
sgleò a' tighinn air na deiseachan gorma,
cha robh guth air ad no currac,
a' chùbainn a' dol ás an t-sealladh
's am Bìoball fhèin air a chur an dara taobh,
is bha thu anns a' bhàr sin a-rithist
aig iasgach Shasainn
far an tàine tu aghaidh ri aghaidh
ris a' Chruthaidhear.
Cò chailleadh cuimhn' air a leithid?

16
'Se Glaschu an Eiphit a bh'agaibh

'Se Glaschu an Eiphit a bh'agaibh
's chaidh cuid agaibh ann nur n-òige
nuair a thàinig a' chaoile air an tìr:
chaidh sibh sìos a-measg nan diathan coimheach,
ann an coileid nan stràid
dh'èisd sibh ri cainnt nan cinneach
is dh'fhàs sibh suas rith',
bhruidhinn sibh ri siùrsaich an teampaill
air Stràid an Dòchais,
's chuir sibh aodach na tìr ìseil oirbh
feasgar Disathairn,
's thug sibh tarraing air an fhìon aca,
is dh'fhàs am biadh blasda dhuibh.
Ach ghairm ur n-athair air ais gu ur tìr fhèin sibh
ach am biodh a shliochd lìonmhor ann an tìr a' gheallaidh.

17
Urnaigh

M' ùrnaigh
nach lorgar mi
là-eigin ann am èiginn
air mo ghlùinean
ag ùrnaigh.

15
When you rose on Question-Day

When you rose on the question
the long pews disappeared from view,
the serge suits became shadowy,
there was no perception of hats or mutches,
the pulpit slipped out of sight,
and the Bible itself was laid aside,
and you were in that bar again
at the English fishing,
where you came face to face
with the Creator.
Who would forget the like of that?

16
Glasgow was your Egypt

Glasgow was your Egypt
and some of you migrated there in your youth
when the lean years came on your land:
you went down among the foreign gods,
in the thronging streets
you listened to strange tongues
and got to know them,
you talked to the temple harlots
on Hope Street,
and dressed in the Lowland fashion
on Saturday afternoons,
tried the taste of their wine
and grew accustomed to their food's flavour.
But your Father called you back to your own land
that His progeny might multiply in the Land of Promise.

17
Prayer

My prayer
that I be not found,
one day, in extremity,
on my knees,
praying.